Waffeln

Die besten Rezepte

Claudia Daiber

Waffeln

Die besten Rezepte

Weltbild

Inhalt

Süße Waffeln 11

Inhalt

KINDHEITSERINNERUNGEN

Waffeln immer nur solo? Nein: Mit Waffeln können Sie die tollsten Torten und Törtchen zaubern. Versuchen Sie einmal Waffel-Petits-Fours, Schwarzwälder-Kirsch-Torte oder den Waffelturm mit Heidelbeercreme. Aber auch Minirouladen, Trifle oder Tiramisu schmecken mit Waffeln ganz vorzüglich.

Waffeln – wir kennen sie alle aus unseren Kindertagen und verbinden damit die Vorstellung von süßem, knusprigem Gebäck, dessen Duft durchs ganze Haus zog und das man am liebsten täglich gegessen hätte. Am schönsten war es, wenn man selbst Hand anlegen durfte: den Teig rühren, in das Waffeleisen schöpfen und kurz darauf die selbst gebackene Waffel entnehmen.
Ist man den Kinderschuhen entwachsen, genießen die meisten von uns Waffeln höchstens noch auf Volksfesten. Das eigene Waffeleisen wartet derweil vergeblich auf seinen nächsten Einsatz.
Dabei ist Waffelbacken kein Hexenwerk, denn ein einfacher Teig ist fix gerührt, und auch das Ergebnis lässt nicht lange auf sich warten. Deshalb ist die Waffelbäckerei bei Kindern so beliebt.

Kleine Verwandlungskünstler

Auch wenn Waffeln immer dieselbe Form haben – je nachdem, welches Waffeleisen man besitzt –, müssen sie doch nicht immer gleich schmecken.
Nicht nur die Grundteige können fantasievoll variiert werden, auch die möglichen Beilagen sind unerschöpflich: Süße Waffeln können Sie beispielsweise mit Eis, frischen Früchten, Cremes, Sahne, Sorbets, Kompotten, Marmelade oder Ahornsirup servieren. Wenn die Zeit drängt, gibt es viele Fertigprodukte, auf die Sie zurückgreifen können: Vanille- oder Schokopudding aus dem Glas, Früchtequark, Apfelmus oder Sprühsahne, um nur einige zu nennen. Pikante Waffeln schmecken mit Kräuterquark, Käsecreme, Blatt- oder Gemüsesalaten, pikanten Dips, Pilzragout oder Ähnlichem. Anregungen finden Sie bei den einzelnen Rezepten.

Zu jeder Tageszeit

Sie schmecken beim ausgedehnten Frühstück ebenso wie als süßes Mittagessen, schnelles Dessert oder zum Kaffee. Sie eignen sich als kleines Abendessen und schneller Imbiss, wenn überraschend Gäste kommen, oder können einfach so zwischendurch gegessen werden. Und das Allerbeste: Man backt ganz nebenbei so viele Waffeln, wie man gerade braucht.
Lassen Sie sich von der Vielfalt der Rezepte in diesem Buch inspirieren – Sie werden sehen, dass Waffeln weit mehr sind als das knusprige Gebäck aus Ihren Kindertagen.

Rund ums Waffelbacken

Im Handel sind viele verschiedene Waffeleisen erhältlich. Am gebräuchlichsten sind runde, deren Backform aus fünf aneinander gehängten Herzen besteht. Rechteckige Waffeleisen werden seltener angeboten. Vielseitigen Nutzen versprechen Kombi-Geräte, mit denen man auch kontaktgrillen, überbacken und toasten kann.
Praktisch sind Geräte mit Temperaturregler und Backampel: Sie stellen das Eisen auf eine gewünschte Stufe ein. Ein grünes Licht zeigt an, wenn die Temperatur erreicht ist und der Teig eingefüllt werden kann. Sobald der Teig eingefüllt und das Waffeleisen wieder geschlossen ist, springt das Licht auf Rot – so lange, bis die Waffel fertig ist.

Beschichtete Waffeleisen

Empfehlenswert sind in jedem Fall Waffeleisen mit beschichteten Backflächen, an denen der Teig nicht zu stark haften bleiben. Der Vorteil: Sie brauchen wenig bis gar kein Fett zum Einstreichen. Wenn Sie allerdings fettarme Teige (z. B. Biskuitteig) verwenden, dann sollten Sie auch ein beschichtetes Waffeleisen gründlich fetten, damit nichts kleben bleibt. Sie sind auch besonders pflegeleicht: Nach Gebrauch lässt man sie abkühlen, dann werden mit einem feuchten Tuch Teig- und Fettreste von Backflächen und Gehäuse entfernt.
Die meisten Beschichtungen sind kratzempfindlich, deshalb die fertigen Waffeln an einer Seite vorsichtig mit einer Gabel anheben und mit einem Holz- oder Kunststoffspatel aus dem Eisen heben.

Frische Zutaten – knusprige Waffeln

Es gibt zahlreiche Teige, die man im Waffeleisen backen kann. Wählen Sie zwischen den Grundteigen (→ Seite 8–9), und variieren Sie Aromen und Zutaten nach Ihrem Geschmack – oder Ihren Vorräten.
In (fast) jeden Teig gehören als Grundzutaten Butter, Zucker, Eier, Mehl und Flüssigkeit. Was Sie zusätzlich an geschmacksgebenden Zutaten dazumischen, hängt von Ihren Vorlieben ab: Denkbar wären beispielsweise Marzipan, Kokosflocken, Nüsse, Krokant, getrocknete oder frische Früchte, Schokolade, Kaffee, Marmelade, Fruchtsäfte; bei pikanten Waffeln Kräuter, Käse, Schinken, Gemüse und Gewürze.
Die Zutaten sollten möglichst zimmerwarm sein, damit sie sich optimal verbinden: also rechtzeitig aus dem Kühlschrank nehmen.

Legen Sie fertig gebackene Waffeln nebeneinander auf ein Kuchengitter – nur so bleiben sie knusprig. Wenn Sie die Waffeln aufeinander legen, werden sie weich und matschig.

Übrige Waffeln werden eingefroren oder ein paar Tage im Kühlschrank bzw. in einer gut schließenden Blechdose aufbewahrt. Vor dem Verzehr können sie im Toaster oder im Backofen bei 150 °C wieder aufgebacken werden.

Wenn Sie Mehle verwenden möchten, die wenig oder kein Klebereiweiß enthalten (Buchweizen-, Mais-, Hirse-, Reismehl), sollten Sie nur etwa die Hälfte der angegebenen Mehlmenge damit ersetzen.

Hefe, Backpulver oder Natron verhelfen Teigen zu mehr Volumen und Lockerheit. Backpulver können Sie durch dieselbe Menge Haushaltsnatron ersetzen.

ZUCKER Sie können mit weißem oder braunem Zucker, Honig, Birnen- oder Apfeldicksaft und Ahornsirup süßen. Weißer Zucker hat die stärkste Süßkraft, aber kein eigenes Aroma. Die anderen Süßungsmittel bringen dagegen neben Würze auch noch Mineralstoffe und Vitamine mit.

FETT Ob Sie Butter, Margarine oder neutrales Pflanzenöl verwenden, bleibt Ihnen überlassen. Wollen Sie Butter oder Margarine durch Öl ersetzen, reichen meist zwei Drittel der angegebenen Fettmenge aus.

EIER Für die Rezepte in diesem Buch gilt, dass Sie Eier der Gewichtsklasse M verwenden sollten.

MEHL Für die meisten Waffeln wird Mehl der Type 405 verwendet. Sie können die Hälfte der Mehlmenge durch Speisestärke ersetzen, das macht den Teig etwas feinporiger. Eine gute Alternative ist Mehl Type 405 mit Weizenkeimen, weil es die im Keim enthaltenen Vitamine und Mineralstoffe enthält. Wenn Sie Vollkornmehle bevorzugen, sollten Sie etwas mehr Flüssigkeit hinzufügen als im Rezept angegeben, weil Vollkornmehl stärker aufquillt als normales Mehl. Außerdem müssen sie den Teig vor dem Backen etwa 10 Minuten ruhen lassen.

FLÜSSIGKEIT Das kann Milch, Buttermilch, Sahne, Saft oder Wasser sein. Sauermilchprodukte haben zusätzlich eine auflockernde Wirkung. Wenn Sie Wasser nehmen, werden die Waffeln knuspriger als mit Milch oder Sahne.

Damit sich der Teig gut im Waffeleisen verteilt, sollte er dickflüssig sein. Ist ein Teig zu zäh, geben Sie einfach noch etwas Flüssigkeit dazu. Ist er zu dünn, können Sie den Teig mit Mehl, gemahlenen Nüssen, Kokos- oder Haferflocken wieder binden.

RÜHRTEIG

ZUTATEN

- *175 g weiche Butter*
- *175 g Zucker*
- *1 Prise Salz*
- *4 Eier*
- *200 g Mehl*
- *1 TL Backpulver*
- *125 ml Milch*

1 Zunächst die zimmerwarme Butter mit dem Zucker und dem Salz cremig rühren. Nach und nach die Eier hinzufügen und das Ganze zu einer schaumigen Masse verschlagen.

2 Mehl und Backpulver darauf sieben und locker unterheben, die Milch unterrühren.

Für 6 Waffeln von ca. 24 cm Ø

BISKUITTEIG

1 Die Eier trennen und die Eiweiße mit dem Salz zu steifem Schnee schlagen. Die Eigelbe mit dem lauwarmen Wasser cremig aufschlagen, den Zucker langsam einrieseln lassen. Weiter schlagen, bis eine helle, cremige Masse entstanden ist.

2 Den Eischnee auf die Eigelbmasse geben. Mehl, Speisestärke und Backpulver darauf sieben und beides unter die Eigelbmasse heben.

Für 6 Waffeln von ca. 24 cm Ø

ZUTATEN

- 4 Eier
- 1 Prise Salz
- 4 EL lauwarmes Wasser
- 130 g Zucker
- 80 g Mehl
- 80 g Speisestärke
- 1 TL Backpulver

BRANDTEIG

1 Milch und Butter in einem Topf erhitzen, bis die Butter geschmolzen ist.

2 Salz und Mehl auf einmal hinzufügen und den Teig so lange unter Rühren erwärmen, bis er sich vom Topfboden löst. Den Topf vom Herd nehmen.

3 Den Teig in eine Rührschüssel füllen und leicht abkühlen lassen. Dann nacheinander die Eier unterrühren; der Teig sollte dickflüssig sein. Eventuell etwas Wasser oder Milch unterrühren.

Für 4 Waffeln von ca. 24 cm Ø

ZUTATEN

- 250 ml Milch
- 50 g Butter
- 1 Prise Salz
- 150 g Mehl
- 6 große Eier

HEFETEIG

1 Mehl und Salz in eine Schüssel sieben und eine Vertiefung hineindrücken. Die Hefe hineinbröckeln, mit 1 Esslöffel Zucker bestreuen und mit etwas lauwarmer Milch und Mehl zu einem Vorteig verrühren. Zugedeckt etwa 15 Minuten gehen lassen.

2 Dann die restliche Milch, den übrigen Zucker, die Eier und die Butter unterrühren. Den Teig zugedeckt nochmals etwa 45 Minuten gehen lassen.

Für 4 Waffeln von ca. 24 cm Ø

ZUTATEN

- 300 g Mehl
- 1 Prise Salz
- 1/2 Würfel Hefe
- 3 EL Zucker
- 300 ml lauwarme Milch
- 3 Eier
- 100 g zerlassene Butter

Süsse Waffeln

Für Frühstück und Brunch

Wer sagt, dass man Waffeln erst am Nachmittag zum Kaffee essen kann? Waffeln sind schnell gemacht und schon zum Frühstück ein Genuss, vor allem wenn man sich zum Genießen Zeit lassen kann. Dann macht jeder die Hälfte von seinem Lieblingsteig und los geht's. Welche Waffel schmeckt am besten? Dazu gibt's Kompott, frische Früchte je nach Saison, Sahne, Jogurt, Pudding oder einfach klassisch Ahornsirup. Ach ja, Puderzucker zum Bestäuben nicht vergessen!

Bananenwaffeln mit Müslijogurt

ZUTATEN

- *2 EL Mandelstifte*
- *175 g weiche Butter*
- *120 g Zucker*
- *1 Pck. Vanillezucker*
- *1/2 TL Zimt*
- *1 Prise Salz*
- *4 Eier*
- *1 EL Rum*
- *100 ml Milch*
- *200 g Mehl*
- *1/2 TL Backpulver*
- *2 ganz reife Bananen*
- *250 g Naturjogurt*
- *1 EL Honig*
- *Etwas Orangensaft*
- *4 EL Müslimischung*
- *Puderzucker*

1 Für den Müslijogurt zunächst die Mandelstifte in einer Pfanne ohne Fett hellgelb rösten, dann beiseite stellen und abkühlen lassen.

2 Für die Waffeln die Butter mit Zucker, Vanillezucker, Zimt und Salz schaumig rühren, dann die Eier unter die Butter-Zucker-Masse schlagen.

3 Rum, Milch, Mehl und Backpulver nach und nach dazugeben und alles zu einem glatten Teig verarbeiten. Die Bananen mit einer Gabel fein zerdrücken und unter den Teig heben.

4 Die Waffeln nacheinander im vorgeheizten, gefetteten Waffeleisen backen und nebeneinander auf ein vorbereitetes Kuchengitter legen.

5 Den Jogurt mit dem Honig und dem Orangensaft verrühren. Die Müslimischung und die Mandelstifte unterheben. Zum Servieren die Waffeln auf Tellern anrichten und mit Puderzucker bestäuben. Den Müslijogurt getrennt dazu reichen.

Vorbereiten 15 Minuten
Backen 18 Minuten
Für 6 Waffeln von 24 cm Ø

Dinkelwaffeln mit Pflaumenmus

1 Die Butter mit Zucker, Vanillezucker und Salz schaumig rühren. Die Eier nacheinander unter die Butter-Zucker-Masse schlagen.

2 Wasser, Dinkel-Vollkornmehl und Mandeln dazugeben und so lange rühren, bis ein glatter Teig entstanden ist. Zum Schluss Backpulver unterheben.

3 Ein Waffeleisen auf mittlerer Stufe vorheizen und mit etwas Butter ausstreichen. Je etwa 2 kleine Schöpflöffel Teig (à ca. 40 ml) in das Waffeleisen geben und daraus Waffeln backen. Die fertigen Waffeln nebeneinander zum Abkühlen auf ein Kuchengitter legen.

4 Zum Servieren die Waffeln auf Tellern anrichten und mit Puderzucker und Zimt bestäuben. Das Pflaumenmus getrennt dazu reichen.

Vorbereiten 15 Minuten
Backen 18 Minuten
Für 6 Waffeln von 24 cm Ø

Zutaten

- *175 g Butter*
- *150 g Zucker*
- *1 Pck. Vanillezucker*
- *1 Prise Salz*
- *4 Eier*
- *100 ml Wasser*
- *100 g Dinkel-Vollkornmehl*
- *100 g gem. Mandeln*
- *1/2 TL Backpulver*
- *Puderzucker*
- *Gem. Zimt*
- *Pflaumenmus*

Walnusswaffeln mit Ahornsirup

1 Die Butter mit Zucker, Vanillezucker und Salz schaumig rühren. Die Eier nacheinander unter die Butter-Zucker-Masse schlagen. So lange rühren, bis eine cremig-schaumige Masse entstanden ist.

2 Milch, Mehl und Walnüsse nach und nach unter die Eiermasse geben und zu einem glatten Teig verarbeiten. Zuletzt das Backpulver unterheben.

3 Die Waffeln im vorgeheizten, gefetteten Waffeleisen backen und nebeneinander auf ein Kuchengitter legen.

4 Zum Servieren auf Tellern anrichten und mit Ahornsirup beträufeln.

Vorbereiten 15 Minuten
Backen 18 Minuten
Für 6 Waffeln von 24 cm Ø

Zutaten

- *200 g weiche Butter*
- *125 g Zucker*
- *1 Pck. Vanillezucker*
- *1 Prise Salz*
- *4 Eier*
- *250 ml Milch*
- *250 g Mehl mit Weizenkeimen*
- *100 g fein gehackte Walnusskerne*
- *1/2 TL Backpulver*
- *Ahornsirup*

Müsliwaffeln mit Honig ▸

ZUTATEN
- *150 g weiche Butter*
- *100 g Honig*
- *1 Pck. Vanillezucker*
- *1 Prise Salz*
- *1 TL abgeriebene, unbehandelte Zitronenschale*
- *4 Eier*
- *180 g Mehl mit Weizenkeimen*
- *1 TL Backpulver*
- *100 g Müslimischung mit Früchten*
- *125 ml Milch*
- *Puderzucker*

1 Die Butter mit Honig, Vanillezucker, Salz und Zitronenschale schaumig rühren. Die Eier nacheinander zugeben.

2 Dann Mehl, Backpulver, Müsli und Milch unter die Eiermasse rühren, bis ein dickflüssiger Teig entstanden ist.

3 Die Waffeln im vorgeheizten, gefetteten Waffeleisen backen und nebeneinander auf ein Kuchengitter legen. Mit Puderzucker bestäubt servieren.

TIPP Dazu passt ein Erdbeerjogurt: 250 Gramm Erdbeeren kurz abbrausen und abtropfen lassen oder trockentupfen. Die Erdbeeren entstielen und klein schneiden. 250 Gramm Naturjogurt mit 1 Päckchen Vanillezucker verrühren und die Erdbeeren unterheben. Statt Erdbeeren können Sie auch andere Früchte der Saison nehmen.

Vorbereiten 15 Minuten
Backen 18 Minuten
Für 6 Waffeln von 24 cm Ø

Haferflockenwaffeln mit Grütze

ZUTATEN
- *170 g weiche Butter*
- *80 g Honig*
- *4 Eier*
- *200 g Haferflocken*
- *1 TL abgeriebene Orangenschale (Fertigprodukt)*
- *250 ml Orangenbuttermilch*
- *Puderzucker*
- *500 g rote Grütze (Fertigprodukt)*
- *200 g Sahne*

1 Für die Waffeln die Butter mit dem Honig verrühren. Die Eier nacheinander untermischen.

2 Haferflocken, Orangenschale und Orangenbuttermilch darunter rühren.

3 Ein Waffeleisen auf mittlerer Stufe vorheizen und mit etwas Butter ausstreichen. Je etwa 2 kleine Schöpflöffel Teig (à ca. 40 ml) in das Waffeleisen geben und daraus Waffeln backen. Die fertigen Waffeln nebeneinander zum Abkühlen auf ein Kuchengitter legen.

4 Die Waffeln auf Tellern mit der roten Grütze anrichten, mit Puderzucker bestäuben und mit geschlagener Sahne servieren.

Vorbereiten 15 Minuten
Backen 18 Minuten
Für 6 Waffeln von 24 cm Ø

ZUTATEN

- *200 g getrocknete Kurpflaumen ohne Stein*
- *150 ml Orangensaft*
- *1 Stck. unbehandelte Zitronenschale*
- *Gem. Zimt*
- *1–2 TL Speisestärke*
- *120 g weiche Butter*
- *125 g Haferflocken*
- *50 g gehackte Cashewkerne*
- *2 EL Honig*
- *1 Pck. Vanillezucker*
- *3 Eier*
- *100 g Mehl*
- *1/2 TL Backpulver*
- *250 ml Vanillebuttermilch*
- *Puderzucker*

HAFERFLOCKENWAFFELN MIT KURPFLAUMENKOMPOTT

1 Für das Kompott die Kurpflaumen mit dem Orangensaft, einem kleinen Stück Zitronenschale und 1/2 Teelöffel Zimt in einen Topf geben und zum Kochen bringen. Die Speisestärke in etwas Wasser glatt rühren und unter die kochenden Kurpflaumen mischen. Das Kompott noch einmal aufkochen lassen, bis der Saft bindet, dann beiseite stellen und abkühlen lassen. Die Zitronenschale entfernen.

2 Für die Waffeln 20 Gramm Butter in einer Pfanne zerlassen. Die Haferflocken und die Cashewkerne darin anrösten. Den Honig darüber träufeln, alles kräftig durchmischen und abkühlen lassen.

3 Die restliche Butter mit dem Vanillezucker verrühren. Die Eier, das Mehl, das Backpulver und die Buttermilch unterrühren. Die Knusper-Haferflocken zum Schluss unter den Teig mengen.

4 Ein Waffeleisen auf mittlerer Stufe vorheizen und mit etwas Butter ausstreichen. Je etwa 2 kleine Schöpflöffel (à 40 ml) in das Eisen geben und daraus Waffeln backen. Die fertigen Waffeln nebeneinander zum Auskühlen auf ein Kuchengitter legen.

5 Zum Servieren die Waffeln auf Tellern anrichten und mit Puderzucker bestäuben. Das Kompott getrennt dazu reichen.

TIPP Das Kompott am besten am Vortag zubereiten und über Nacht kalt stellen.

Vorbereiten 30 Minuten
Backen 18 Minuten
Für 6 Waffeln von 24 cm Ø

DATTELWAFFELN MIT ORANGENMARMELADE UND FRISCHKÄSE

1 Die Datteln halbieren, entsteinen und in kleine Würfel schneiden. Die Pinienkerne in einer Pfanne ohne Fett hellgelb rösten, beiseite stellen und abkühlen lassen, dann grob hacken.

2 Die Butter mit Zucker, Vanillezucker, Zimt, Zitronenschale und Salz schaumig rühren, bis sich der Zucker aufgelöst hat. Die Eier nacheinander unter die Butter-Zucker-Masse schlagen. So lange rühren, bis eine cremig-schaumige Masse entstanden ist.

3 Milch und Mehl nach und nach unter die Eiermasse rühren. Zum Schluss die Datteln, die Pinienkerne und das Backpulver unterheben.

4 Ein Waffeleisen auf mittlerer Stufe vorheizen und mit etwas Butter ausstreichen. Je etwa 2 kleine Schöpflöffel (à 40 ml) in das Eisen geben und daraus Waffeln backen. Die fertigen Waffeln nebeneinander zum Auskühlen auf ein Kuchengitter legen.

5 Zum Servieren die Waffeln auf Tellern anrichten und mit Puderzucker bestäuben. Aus dem Frischkäse mit einem Esslöffel Nocken formen und zusammen mit der Orangenmarmelade auf den Waffeln anrichten.

Vorbereiten 30 Minuten
Backen 18 Minuten
Für 6 Waffeln von 24 cm Ø

ZUTATEN

- *100 g frische oder getrocknete Datteln*
- *2 EL Pinienkerne*
- *175 g weiche Butter*
- *100 g Zucker*
- *1 Pck. Vanillezucker*
- *1/2 TL Zimt*
- *1/2 TL abgeriebene, unbehandelte Zitronenschale*
- *1 Prise Salz*
- *3 Eier*
- *100 ml Milch*
- *200 g Mehl*
- *1/2 TL Backpulver*
- *Puderzucker*
- *250 g Frischkäse mit Jogurt*
- *Orangenmarmelade*

MOHNWAFFELN MIT KIRSCHQUARK ▸

ZUTATEN
- 1 Glas Schattenmorellen
- 250 g Speisequark
- Etwas Puderzucker
- 175 g weiche Butter
- 120 g Zucker
- 1 TL abgeriebene Orangenschale
- 1 Prise Salz
- 4 Eier
- 200 ml Buttermilch
- 200 g Mehl
- 1/2 TL Backpulver
- 250 g Mohnmischung

1 Die Schattenmorellen abtropfen lassen, den Saft auffangen. Den Quark mit 2 Esslöffel Puderzucker und etwas Kirschsaft verrühren, dann die Kirschen unterheben. Kalt stellen.

2 Die Butter mit Zucker, Orangenschale und Salz schaumig rühren. Die Eier nacheinander unterschlagen.

3 Nach und nach Buttermilch, Mehl, Backpulver und zuletzt die Mohnmischung dazugeben und alles zu einem glatten Teig verarbeiten.

4 Die Waffeln im vorgeheizten, gefetteten Eisen backen und nebeneinander auf ein Kuchengitter legen. Mit dem Kirschquark auf Tellern anrichten und mit Puderzucker bestäuben.

Vorbereiten 15 Minuten
Backen 18 Minuten
Für 6 Waffeln von 24 cm Ø

VANILLEWAFFELN MIT ERDBEEREN

ZUTATEN
- 250 g Erdbeeren
- 180 g Zucker
- 200 g Sahne
- 1 EL Vanillezucker
- 175 g weiche Butter
- 1/2 TL gem. Vanille
- 1 Prise Salz
- 4 Eier
- 4 EL Milch
- 100 g Mehl
- 1/2 TL Backpulver
- 100 g Speisestärke
- Puderzucker

1 Die geputzten Erdbeeren in Stücke schneiden. Mit 2 Esslöffel Zucker in einer Schüssel mischen und zugedeckt beiseite stellen. Die Sahne mit dem Vanillezucker steif schlagen.

2 Die Butter mit dem restlichen Zucker, Vanille und Salz schaumig rühren. Die Eier nacheinander dazugeben. Dann nach und nach Milch, Mehl, Backpulver und Speisestärke unterrühren.

3 Die Waffeln im vorgeheizten, gefetteten Eisen backen und nebeneinander auf ein Kuchengitter legen.

4 Die fertigen Waffeln mit Puderzucker bestäuben. Erdbeeren und Sahne getrennt dazu reichen.

Vorbereiten 20 Minuten
Backen 18 Minuten
Für 6 Waffeln von 24 cm Ø

Reiswaffeln

ZUTATEN
- 175 g Butter
- 150 g Zucker
- 1/2 TL Zimt
- 3 Eier
- 150 ml Milch
- 150 g Mehl
- 1/2 TL Backpulver
- 200 g gekochter Reis vom Vortag
- Zimt und Zucker

1 Die Butter mit Zucker und Zimt schaumig rühren. Die Eier nacheinander dazugeben. Zuletzt Milch, Mehl, Backpulver und Reis unterrühren.

2 Die Waffeln im vorgeheizten, gefetteten Eisen backen und nebeneinander auf ein Kuchengitter legen.

3 Zum Servieren die Waffeln auf Tellern anrichten und mit Zimt und Zucker bestreuen. Dazu passt Apfelmus (gekauft oder selbst gemacht: siehe unten).

Vorbereiten 10 Minuten
Backen 18 Minuten
Für 6 Waffeln von 24 cm Ø

Trockenfrüchtewaffeln mit Apfelmus

ZUTATEN
- 4 schöne Äpfel
- 80 g Zucker
- 1 Stck. unbehandelte Zitronenschale
- 125 ml Cidre
- 125 g weiche Butter
- 1 Pck. Vanillezucker
- 1 Prise Salz
- 4 Eier
- 200 ml Buttermilch
- 250 g Mehl
- 100 g Trockenfrüchte
- 50 g Haselnüsse
- 1 TL Backpulver
- Puderzucker
- Gem. Zimt

1 Die Äpfel schälen, vierteln und die Kerngehäuse entfernen. Die Apfelviertel in Stücke schneiden und mit 2 Esslöffel Zucker, einem größeren Stück Zitronenschale und Cidre zum Kochen bringen. Bei mittlerer Hitze so lange kochen, bis die Äpfel weich sind. Zitronenschale entfernen und das Mus abkühlen lassen.

2 Die Butter mit dem restlichen Zucker, Vanillezucker und Salz schaumig rühren. Die Eier trennen und die Eigelbe unter die Masse schlagen. Mit Buttermilch und Mehl zu einem glatten Teig verarbeiten.

3 Eiweiße zu Schnee schlagen. Die Trockenfrüchte in kleine Würfel schneiden. Haselnüsse fein hacken und mit Eischnee, Backpulver und Früchten unterheben.

4 Die Waffeln im vorgeheizten, gefetteten Eisen backen und nebeneinander auf ein Kuchengitter legen. Mit Puderzucker und Zimt bestäuben. Das Apfelmus getrennt dazu reichen.

Vorbereiten 20 Minuten
Backen 18 Minuten
Für 6 Waffeln von 24 cm Ø

Sesamwaffeln mit Birnenmus

1 Für das Birnenmus die Birnen schälen, vierteln und die Kerngehäuse entfernen. Die Birnenviertel in Stücke schneiden.

2 Die Birnenstücke mit den Rosinen, dem Saft und der Zitronenschale zum Kochen bringen und bei mittlerer Hitze etwa 5 Minuten kochen lassen, bis die Birnen musig sind. Das Birnenmus beiseite stellen und abkühlen lassen. Mit dem Honig süßen, Zitronenschale entfernen.

3 Für die Waffeln die Butter mit Zucker, Vanillezucker und Salz schaumig rühren, bis sich der Zucker aufgelöst hat. Die Eier nacheinander unter die Butter-Zucker-Masse schlagen. So lange rühren, bis eine cremig-schaumige Masse entstanden ist.

4 Jogurt, Milch, Mehl und Sesam nach und nach unter die Eiermasse rühren und alles zu einem glatten Teig verarbeiten. Zum Schluss das Backpulver unterheben.

5 Ein Waffeleisen auf mittlerer Stufe vorheizen und mit etwas Butter ausstreichen. Je etwa 2 kleine Schöpflöffel (à 40 ml) in das Eisen geben und daraus Waffeln backen. Die fertigen Waffeln nebeneinander zum Auskühlen auf ein Kuchengitter legen.

6 Zum Servieren die Waffeln mit dem Birnenmus auf Tellern anrichten und mit Puderzucker und Kakao bestäuben.

Vorbereiten 30 Minuten
Backen 18 Minuten
Für 6 Waffeln von 24 cm Ø

Zutaten

- *4 vollreife Birnen*
- *2 EL Rosinen*
- *50 ml Apfel- oder Birnensaft*
- *1 Stck. unbehandelte Zitronenschale*
- *1 EL Honig*
- *175 g weiche Butter*
- *150 g brauner Zucker*
- *1 Pck. Vanillezucker*
- *1 Prise Salz*
- *4 Eier*
- *100 g Jogurt*
- *100 ml Milch*
- *200 g Mehl*
- *75 g Sesamsamen*
- *1/2 TL Backpulver*
- *Puderzucker*
- *Kakaopulver*

Zu Tee und Kaffee

Die beste Freundin läutet an der Tür und kommt spontan vorbei auf ein Tässchen Tee. Jetzt wäre etwas Süßes gut, aber der Kuchen vom Wochenende ist schon aufgegessen. Kein Problem: Ein Waffelteig ist schnell gerührt, und die Zutaten dafür hat man meist sowieso im Haus. Wenn dann noch Kirschen im Glas vorhanden sind, ist alles bestens – für ein Plauderstündchen genau das Richtige. Mehr Vorbereitung brauchen allerdings Waffeltorten, Minirouladen oder Petits-Fours.

Waffelschälchen mit Walnussfüllung ▸

ZUTATEN

- *190 g weiche Butter*
- *150 g Zucker*
- *1 Pck. Vanillezucker*
- *1 kleine Prise Salz*
- *4 Eier*
- *50 ml Wasser*
- *100 g Mehl*
- *1/4 TL Backpulver*
- *100 g fein gem. Walnusskerne*
- *4 EL Sahne*
- *1 TL Speisestärke*
- *25 g grob gehackte Walnusskerne*
- *Puderzucker*

1 90 Gramm Butter mit 50 Gramm Zucker, Vanillezucker und Salz schaumig rühren. 2 Eier unterschlagen. Wasser, Mehl und Backpulver dazugeben und alles zu einem glatten Teig verarbeiten.

2 Im vorgeheizten, gefetteten Eisen helle Waffeln backen. 3 Tarteletteförmchen (jeweils 16 cm Durchmesser) mit Butter ausstreichen. Die fertigen Waffeln in die Förmchen drücken. Den Backofen auf 180 °C vorheizen.

3 Die fein gemahlenen Walnüsse mit 2 Eiern, 100 Gramm Zucker, Sahne und Speisestärke verrühren. Restliche Butter zerlassen und untermengen.

4 Die Masse in die Waffeln füllen, mit den gehackten Walnüssen bestreuen. Die Törtchen 10 Minuten backen, auf 160 °C herunterschalten und weitere 15 bis 20 Minuten backen.

5 Törtchen herausnehmen, abkühlen lassen und mit Puderzucker bestreuen.

Vorbereiten 30 Minuten
Backen 35–40 Minuten
Für 3 Waffeln von 24 cm Ø

Spekulatiuswaffeln

ZUTATEN

- *175 g weiche Butter*
- *175 g Zucker*
- *1 Pck. Vanillezucker*
- *1 TL Zimt*
- *1 Prise Salz*
- *4 Eier*
- *50 ml Mineralwasser*
- *150 g Mehl*
- *100 g gem. Mandeln*
- *1/2 TL Backpulver*
- *100 g Mandelblättchen*
- *200 g Marzipanrohmasse*
- *190 g Puderzucker*
- *1 EL Orangenlikör*
- *Orangenmarmelade*

1 Die Butter mit Zucker, Vanillezucker, Zimt und Salz schaumig rühren, bis sich der Zucker aufgelöst hat. Die Eier nacheinander unter die Butter-Zucker-Masse schlagen. So lange rühren, bis eine cremig-schaumige Masse entstanden ist.

2 Mineralwasser, Mehl und Mandeln nach und nach unter die Eiermasse rühren und alles zu einem glatten Teig verarbeiten. Zum Schluss das Backpulver unterheben.

3 Ein Waffeleisen auf mittlerer Stufe vorheizen und mit Butter ausstreichen. Je etwa 2 kleine Schöpflöffel (à 40 ml) Teig in das Waffeleisen geben und mit Mandelblättchen bestreuen. Die fertigen Waffeln nebeneinander auf ein Kuchengitter legen.

4 Für die Füllung die Marzipanrohmasse mit 100 Gramm Puderzucker und Orangenlikör verkneten. Das Marzipan zwischen zwei Lagen Klarsichtfolie ausrollen.

5 Die Waffeln in einzelne Herzchen teilen. Die Herzen auf die Marzipanplatte legen und mit einem scharfen Messer insgesamt 15 Herzformen ausschneiden.

6 Die Orangenmarmelade erwärmen. Jeweils zwei Waffelherzen auf der Innenseite damit bestreichen und ein Marzipanherz dazwischen legen. Leicht andrücken und das Ganze trocknen lassen.

7 Zum Servieren die Waffeln auf Tellern anrichten und mit Puderzucker bestäuben.

VARIANTE Sehr gut schmeckt es auch, wenn Sie die Herzen auf der Innenseite mit geschmolzener Zartbitterkuvertüre bestreichen, das Marzipan dazwischen legen, die Herzen etwas aneinander drücken und trocknen lassen.

Vorbereiten 60 Minuten
Backen 18 Minuten
Für 6 Waffeln von 24 cm Ø

APFELWAFFELN MIT ZIMTSAHNE

1 Die Zitronenschale fein abreiben und den Saft auspressen. Die Äpfel schälen und grob raspeln. Damit sie nicht braun werden, die Raspel mit dem Zitronensaft beträufeln.

2 Butter mit Zucker, Zitronenschale und Eiern schaumig rühren. Mehl und Wasser untermengen. Zum Schluss das Backpulver, die Apfelraspel und die Mandelblättchen unterheben.

3 Die Waffeln im vorgeheizten, gefetteten Eisen backen und auskühlen lassen.

4 Sahne mit Vanillezucker und Zimt steif schlagen. Waffeln mit Puderzucker bestäuben, Sahne getrennt dazu reichen.

Vorbereiten 20 Minuten
Backen 18 Minuten
Für 6 Waffeln von 24 cm Ø

ZUTATEN
- 1/2 Zitrone
- 2 Äpfel (Boskop)
- 200 g weiche Butter
- 130 g Zucker
- 4 Eier
- 250 g Mehl
- 200 ml Wasser
- 1 TL Backpulver
- 100 g Mandelblättchen
- 250 g Sahne
- 1 Pck. Vanillezucker
- 1/2 TL Zimt
- Puderzucker

SAHNEWAFFELN MIT GLÜHWEIN-KIRSCHEN

1 Die Kirschen entsteinen. Mit 50 Gramm Zucker, Zimtstange, etwas Zitronenschale und Rotwein in einen Topf etwa 5 Minuten kochen. Zimtstange und Zitronenschale entfernen. Die Speisestärke mit etwas kaltem Wasser anrühren, unter die Kirschen rühren und diese einmal aufkochen lassen. Die Kirschen beiseite stellen.

2 Die Eier trennen. Die weiche Butter mit 100 Gramm Zucker, Eigelben und abgeriebener Zitronenschale schaumig rühren. Sahne und Mehl unter die Eigelbmasse rühren. Eiweiße mit Salz zu steifem Schnee schlagen und unter den Teig heben.

3 Die Waffeln im vorgeheizten, gefetteten Eisen backen. Zum Servieren auf Tellern mit den Kirschen anrichten, mit Puderzucker bestäuben.

Vorbereiten 40 Minuten
Backen 24 Minuten
Für 8 Waffeln von 24 cm Ø

ZUTATEN
- 400 g Sauerkirschen
- 150 g Zucker
- 1/4 Zimtstange
- 1 Stck. unbehandelte Zitronenschale
- 100 ml Rotwein
- 2 TL Speisestärke
- Etwas kaltes Wasser
- 6 Eier
- 125 g weiche Butter
- 1 TL abgeriebene, unbehandelte Zitronenschale
- 300 g Sahne
- 200 g Mehl
- 1 Prise Salz
- Puderzucker

Waffeltorte Schwarzwälder Kirsch

ZUTATEN

- 2 Eier
- 90 g weiche Butter
- 100 g Zucker
- 3 Pck. Vanillezucker
- 1 schwache Prise Salz
- 1/2 EL Rum
- 450 g Sahne
- 100 g Mehl
- 1/4 TL Backpulver
- 2 EL Kakao
- 1 Glas Sauerkirschen
- 1/4 Zimtstange
- 1 Stck. unbehandelte Zitronenschale
- 1 gehäufter TL Speisestärke
- Etwas kaltes Wasser
- 1 EL Sofortgelatine
- 3 cl Kirschwasser
- 2 cl Läuterzucker
- 75 g Zartbitterschokolade
- Frische Kirschen

1 Die Eier trennen. Die weiche Butter mit 90 Gramm Zucker, 1 Päckchen Vanillezucker, Eigelben und Salz schaumig rühren. Rum, 100 Gramm Sahne und Mehl dazugeben und zu einem glatten Teig verarbeiten.

2 Die Eiweiße zu steifem Schnee schlagen. Den Eischnee unter die Eigelbmasse ziehen. Zum Schluss das Backpulver und den Kakao unterheben.

3 Die Waffeln im vorgeheizten, gefetteten Eisen backen und nebeneinander auf ein Kuchengitter legen.

4 Die Sauerkirschen abtropfen lassen, 75 Milliliter Saft abmessen. Den Saft mit 1 Esslöffel Zucker, Zimtstange und einem kleinen Stück Zitronenschale zum Kochen bringen. Die Speisestärke mit etwas Wasser anrühren, in die kochende Flüssigkeit geben und diese einige Male aufkochen lassen.

5 Die abgetropften Kirschen unterheben und nochmals aufkochen lassen, dann beiseite stellen. Zimtstange und Zitronenschale entfernen.

6 350 Gramm Sahne mit 2 Päckchen Vanillezucker steif schlagen. Die Sofortgelatine unterrühren. Eine Waffel mit etwas Sahne bestreichen.

7 Die Hälfte der angedickten Kirschen darauf verteilen. Dann die zweite Waffel auflegen.

8 Das Kirschwasser und den Läuterzucker mischen, die Hälfte davon auf die Waffel träufeln und anschließend die zweite Waffel mit den restlichen angedickten Kirschen belegen.

9 Die dritte Waffel auflegen, beträufeln und die Waffeltorte rundum mit Sahne bestreichen. Die Schokolade raspeln, die Raspel in die Mitte der Waffeltorte geben. Die restliche Sahne in einen Spritzbeutel mit Sterntülle füllen und Rosetten auf die Torte spritzen. Mit frischen, entsteinten Kirschen belegen.

Vorbereiten 50 Minuten
Backen 9 Minuten
Für 3 Waffeln von 24 cm Ø

MANDARINENWAFFELN MIT PISTAZIENCREME

1 Für die Pistaziencreme den Jogurt mit Frischkäse, Sahne, Pistazien, Zucker und Limettenschale verrühren und kalt stellen.

2 Für die Waffeln die Mandarinen abtropfen lassen, den Saft auffangen. Die Butter mit Zucker, Vanillezucker und Salz schaumig rühren, bis sich der Zucker aufgelöst hat. Die Eier nacheinander unter die Butter-Zucker-Masse schlagen. So lange rühren, bis eine cremig-schaumige Masse entstanden ist.

3 Mandarinensaft und Mehl nach und nach unter die Eiermasse rühren und alles zu einem glatten Teig verarbeiten. Sollte der Teig zu fest sein, noch etwas Milch oder Wasser unterrühren. Zum Schluss das Backpulver und die Mandarinenfilets vorsichtig unterheben.

4 Ein Waffeleisen auf mittlerer Stufe vorheizen und mit etwas Butter ausstreichen. Je etwa 2 kleine Schöpflöffel (à 40 ml) in das Eisen geben und daraus Waffeln backen. Die fertigen Waffeln nebeneinander zum Auskühlen auf ein Kuchengitter legen.

5 Zum Servieren die Waffeln auf Tellern anrichten und mit Puderzucker bestäuben. Die Pistaziencreme getrennt dazu reichen.

Vorbereiten 20 Minuten
Backen 18 Minuten
Für 6 Waffeln von 24 cm Ø

ZUTATEN

- *150 g Jogurt*
- *150 g Frischkäse*
- *3–4 EL Sahne*
- *100 g gem., ungesalzene Pistazien*
- *1 EL Zucker*
- *$^1/_2$ TL abgeriebene Limettenschale*
- *1 kleine Dose Mandarinen*
- *150 g Butter*
- *100 g brauner Zucker*
- *1 Pck. Vanillezucker*
- *1 Prise Salz*
- *4 Eier*
- *200 g Mehl mit Weizenkeimen*
- *$^1/_2$ TL Backpulver*
- *Puderzucker*

ZUTATEN
- *4 Blatt weiße Gelatine*
- *300 g Pfirsiche*
- *130 g Zucker*
- *150 ml Pfirsichsaft*
- *3 Eigelb*
- *200 g Sahne*
- *6 Eier*
- *200 g Schmand*
- *1 EL Rum*
- *250 g Mehl*
- *1 Prise Salz*
- *Puderzucker*

Waffelrouladen mit Pfirsichcreme ▸

1 Für die Creme die Gelatine in kaltem Wasser einweichen. Die Pfirsiche mit kochendem Wasser überbrühen, kurz ziehen lassen, dann häuten. Die Pfirsiche entsteinen und pürieren.

2 80 Gramm Zucker und Pfirsichsaft aufkochen lassen, vom Herd nehmen. Die Eigelbe unterrühren und alles bei mittlerer Hitze erwärmen, bis die Creme dicklich wird. Die Creme vom Herd nehmen und in Eiswasser setzen. Die ausgedrückte Gelatine in der noch warmen Creme auflösen, das Pfirsichmark unterrühren. Die Sahne steif schlagen und unter die Creme ziehen. Die Creme kalt stellen.

3 Für die Waffeln die Eier trennen und die Eigelbe mit 50 Gramm Zucker schaumig schlagen. Den Schmand und den Rum unterrühren und das Mehl nach und nach untermischen.

4 Die Eiweiße mit Salz zu steifem Schnee schlagen und unter den Waffelteig heben.

5 Ein Waffeleisen auf mittlerer Stufe vorheizen und mit etwas Butter ausstreichen. Je etwa 2 kleine Schöpflöffel (à 40 ml) Teig in das Waffeleisen geben und daraus Waffeln backen.

6 Die fertigen Waffeln aus dem Eisen nehmen, sofort mit der Creme bestreichen und wie Rouladen aufrollen. Die so gefüllten Waffeln etwa 3 Stunden in den Kühlschrank stellen.

7 Vor dem Servieren die Waffelrouladen mit Puderzucker bestäuben und schräg in Scheiben schneiden.

Vorbereiten 30 Minuten
Backen 18 Minuten
Kühlen 3 Stunden
Für 6 Waffeln von 24 cm Ø

ZUTATEN
- 70 ml Milch
- 400 g Sahne
- 100 g Marzipanrohmasse
- 1/2 Zitrone
- 80 g weiche Butter
- 1/2 Pck. Vanillezucker
- 1 Prise Salz
- 3 Eier
- 170 g Mehl
- 1/2 TL Backpulver
- 2 saftige Orangen
- 4 Blatt weiße Gelatine
- 5 EL Puderzucker
- 200 g Quark
- 4 EL Orangenlikör
- Schokoröllchen

Marzipantorte mit Orangencreme

1 Für die Waffeln die Milch mit der Hälfte der Sahne erhitzen. Die Marzipanrohmasse zerkleinern und in der heißen Milch auflösen. Unter Rühren erkalten lassen.

2 Die Zitronenschale fein abreiben und den Saft auspressen. Die Butter mit Vanillezucker und Salz verrühren. Die Eier trennen und die Eigelbe unter die Butter-Zucker-Masse schlagen.

3 Mehl, Marzipansahne, Zitronenschale und -saft unter die Eigelbmasse rühren, bis ein glatter Teig entstanden ist. Die Eiweiße steif schlagen und mit dem Backpulver vorsichtig unterheben.

4 Die Waffeln im vorgeheizten, gefetteten Eisen backen und nebeneinander auf ein Kuchengitter legen.

5 Für die Creme die Orangen heiß waschen und die Schale abreiben. Die Früchte auspressen. (Sie brauchen 125 Milliliter Saft.) Die Gelatine in kaltem Wasser einweichen. Die restliche Sahne steif schlagen, den Puderzucker einrieseln lassen.

6 Den Quark mit Orangenschale und -saft verrühren, die Sahne unterheben. Den Orangenlikör erwärmen. Die ausgedrückte Gelatine darin auflösen und unter die Quark-Sahne rühren.

7 Eine Waffel mit einem Drittel der Orangencreme bestreichen. Die zweite Waffel darauf legen und mit dem zweiten Drittel der Creme bestreichen. Die dritte Waffel darauf geben, mit der restlichen Creme bestreichen. Die vierte Waffel in die einzelnen Segmente teilen, diese nochmals der Länge nach teilen und schräg in die Creme setzen.

8 Die Torte mit einem Pergamentstreifen umwickeln und 3 bis 4 Stunden in den Kühlschrank stellen. Zum Servieren den Papierrand entfernen und die Torte mit Schokoröllchen garnieren. Dazu passt Sahne mit Orangenlikör.

Vorbereiten 45 Minuten
Backen 12 Minuten
Kühlen 3–4 Stunden
Für 4 Waffeln von 24 cm Ø

ORANGENSCHNITTEN MIT MARZIPANCREME

1 Die Orange heiß abwaschen und trocknen. Die Schale abreiben. Dann die Frucht schälen (dabei auch die weiße Haut entfernen), in Scheiben und diese in Würfel schneiden.

2 Die Butter mit 80 Gramm Zucker, Vanillezucker, Salz und 2 Eiern schaumig schlagen. Rum, Jogurt, Mehl und Mandeln unter die Eiermasse rühren. Zum Schluss das Backpulver, 1 Teelöffel abgeriebene Orangenschale und die Orangenwürfel samt Saft unterheben.

3 Die Waffeln im vorgeheizten, gefetteten Eisen backen und nebeneinander auf ein Kuchengitter legen.

4 Die Gelatine in kaltem Wasser einweichen. Die Marzipanrohmasse zerkleinern und mit Orangensaft, Likör und restlichem Zucker erhitzen. Das Marzipan bei schwacher Hitze unter Rühren auflösen. 2 Eier trennen und die Eigelbe mit der Speisestärke unter die Creme rühren. Weiter erhitzen, bis die Masse dicklich ist. Die Marzipancreme vom Herd nehmen, in Eiswasser setzen. Die Gelatine ausdrücken und in der Creme auflösen. Die Creme kalt rühren.

5 Eiweiße und Sahne getrennt steif schlagen und unter die Marzipancreme heben. Eine Waffel mit einem Drittel der Creme bestreichen, die zweite Waffel auflegen, mit dem zweiten Drittel bestreichen und mit der dritten Waffel bedecken. Die Torte mit einem Papierstreifen umwickeln und – zusammen mit der übrigen Creme – 3 Stunden kalt stellen.

6 Vor dem Servieren die restliche Creme in einen Spritzbeutel mit Sterntülle füllen. Rosetten auf die oberste Waffel spritzen. Mit der übrigen Orangenschale bestreuen und mit Puderzucker bestäuben.

Vorbereiten 45 Minuten
Backen 9 Minuten
Kühlen 3 Stunden
Für 3 Waffeln von 24 cm Ø

ZUTATEN

- *1 Orange*
- *90 g weiche Butter*
- *130 g Zucker*
- *1 Pck. Vanillezucker*
- *1 Prise Salz*
- *4 Eier*
- *1 EL Rum*
- *2 EL Jogurt*
- *80 g Mehl*
- *40 g gem. Mandeln*
- *1/2 TL Backpulver*
- *2 Blatt weiße Gelatine*
- *80 g Marzipanrohmasse*
- *100 ml Orangensaft*
- *2 EL Orangenlikör*
- *20 g Speisestärke*
- *100 g Sahne*
- *Puderzucker*

ZUTATEN

- *200 g Butter*
- *175 g Zucker*
- *1 EL Sahne*
- *4 Eier*
- *1/2 Pck. Vanillezucker*
- *1 EL Amaretto*
- *1 kleine Prise Salz*
- *50 g Mehl*
- *50 g gem. Mandeln*
- *1 EL Speisestärke*
- *1/2 TL Backpulver*
- *1 1/2 TL abgeriebene, unbehandelte Zitronenschale*
- *2 Eigelb*
- *90 ml Zitronenlikör*
- *70 ml Orangensaft*
- *200 g Puderzucker*
- *Gehackte Pistazien oder Zuckerschrift und Schokodekor*

WAFFEL-PETITS-FOURS

1 50 Gramm Butter mit 25 Gramm Zucker und Sahne erhitzen, bis Butter und Zucker geschmolzen sind. Die Mischung beiseite stellen und abkühlen lassen.

2 2 Eier trennen. Die Eigelbe mit 50 Gramm Zucker, Vanillezucker und Amaretto cremig schlagen. Die Eiweiße mit dem Salz steif schlagen.

3 Den Eischnee auf die Eigelbcreme geben. Mehl, Mandeln, Speisestärke und Backpulver darauf sieben und alles unterheben. Einen halben Teelöffel abgeriebene Zitronenschale und die zerlassene Butter unterheben.

4 Die Waffeln im vorgeheizten, gefetteten Eisen backen und nebeneinander auf ein Kuchengitter legen.

5 Für die Creme 150 Gramm Butter schaumig rühren. 2 ganze Eier, 2 Eigelbe und 100 Gramm Zucker über dem warmen Wasserbad cremig aufschlagen, dann in Eiswasser setzen und kalt schlagen. Nach und nach mit 2 Esslöffel Zitronenlikör und 1 Teelöffel Zitronenschale unter die Butter rühren.

6 Die Waffeln in die einzelnen Herzen teilen, diese nochmals längs halbieren. Je 4 Teile mit einer Mischung aus je 50 Milliliter Zitronenlikör und Orangensaft beträufeln, mit Creme bestreichen und aufeinander setzen, mit einem fünften Teil abdecken. Die Stückchen kalt stellen.

7 Für den Guss Puderzucker mit 2 Esslöffel Zitronenlikör und 1 Esslöffel Orangensaft verrühren und die Waffelstücke damit rundum bestreichen oder hineintauchen. Die Petits-Fours mit gehackten Pistazien bestreuen oder mit Zuckerschrift und Schokodekor verzieren und trocknen lassen.

Vorbereiten 70 Minuten
Backen 9 Minuten
Für 3 Waffeln von 24 cm Ø

WAFFELSCHNITTEN MONTE BIANCO

1 Für die Kastaniencreme die Esskastanien kreuzweise einritzen und im Backofen so lange rösten, bis die Schale aufplatzt. Aus dem Backofen nehmen, etwas abkühlen lassen und dann schälen.

2 Die Kastanien mit Milch und 1 Päckchen Vanillezucker zum Kochen bringen und darin weich garen. Die weichen Kastanien durch ein Sieb drücken, mit dem Cognac verrühren, abkühlen lassen.

3 Für die Waffeln die Butter mit 90 Gramm Zucker, 1 Päckchen Vanillezucker und Salz schaumig rühren. Die Eier trennen und die Eigelbe unter die Butter-Zucker-Masse schlagen.

4 Rum, 50 Gramm Sahne und Mehl nach und nach unter die Eigelbmasse rühren, bis ein glatter Teig entstanden ist. Die Eiweiße steif schlagen. Den Eischnee unter die Eigelbmasse ziehen. Zum Schluss das Backpulver und den Kakao unterheben.

5 Die Waffeln im vorgeheizten, gefetteten Eisen backen und nebeneinander auf ein Kuchengitter legen.

6 Für die Creme 125 Gramm Sahne steif schlagen und mit dem abgekühlten Kastanienmus und 100 Gramm Zucker verrühren. Die Waffeln in einzelne Herzen teilen. Immer zwei Herzen mit Kastaniencreme füllen. 1 Stunde kalt stellen.

7 Zum Servieren die restliche Sahne steif schlagen, in einen Spritzbeutel mit Sterntülle füllen. Auf die Waffelherzen Sahnerosetten spritzen und diese mit etwas Zimt bestäuben.

Vorbereiten 60 Minuten
Backen 9 Minuten
Kühlen 1 Stunde
Für 3 Waffeln von 24 cm Ø

ZUTATEN

- *500 g Esskastanien*
- *250 ml Milch*
- *2 Pck. Vanillezucker*
- *50 ml Cognac*
- *90 g weiche Butter*
- *190 g Zucker*
- *1 schwache Prise Salz*
- *2 Eier*
- *$1/2$ EL Rum*
- *300 g Sahne*
- *100 g Mehl*
- *$1/4$ TL Backpulver*
- *2 EL Kakao*
- *Gem. Zimt*

HEFEWAFFELN MIT APRIKOSEN

ZUTATEN
- 350 g Mehl
- 1/2 Würfel Hefe
- 250 ml lauwarme Milch
- 2 Eier
- 1 Prise Salz
- 110 g Butter
- 40 g Zucker
- 5 Aprikosen
- 2 EL Aprikosenlikör
- 50 g Pinienkerne
- Puderzucker

1 Das Mehl in eine Schüssel sieben. In die Mitte eine Mulde drücken und die Hefe hineinbröckeln. Mit etwas lauwarmer Milch und Mehl verrühren, zugedeckt 15 Minuten ruhen lassen.

2 Inzwischen die Eier trennen. Die Eiweiße mit dem Salz steif schlagen. Butter zerlassen und mit Eigelben und Zucker verrühren. Den Eischnee unterziehen. Diese Masse auf den Vorteig geben und alles verrühren, die restliche Milch dazugießen. Den Teig zugedeckt gehen lassen, bis er sein Volumen verdoppelt hat.

3 Die Aprikosen waschen, in kleine Würfel schneiden und in dem Aprikosenlikör marinieren. Die Pinienkerne in einer Pfanne ohne Fett rösten.

4 Aprikosen und Pinienkerne unter den Teig rühren. Die Waffeln im vorgeheizten, gefetteten Eisen backen. Mit Puderzucker bestäuben und servieren.

Vorbereiten 20 Minuten
Ruhen ca. 45 Minuten
Backen 12 Minuten
Für 4 Waffeln von 24 cm Ø

BRANDTEIGWAFFELN MIT WALDFRÜCHTEN

ZUTATEN
- 250 ml Milch
- 50 g Butter
- 1 Prise Salz
- 150 g Mehl
- 6 Eier
- 2 EL Zucker
- 200 g Sahne
- 1 Pck. Vanillezucker
- 300 g gemischte Beeren (Himbeeren, Brombeeren, Heidelbeeren)
- Puderzucker

1 Die Milch mit Butter und Salz zum Kochen bringen. Das Mehl auf einmal hineinschütten und rühren, bis sich der Teig als Kloß vom Topfboden löst. Etwas abkühlen lassen, dann nach und nach Eier und Zucker unterrühren. Die Waffeln im vorgeheizten, gefetteten Eisen backen und abkühlen lassen.

2 Die Sahne mit dem Vanillezucker steif schlagen und die Beeren unterheben. Getrennt zu den mit Puderzucker bestäubten Waffeln reichen.

Vorbereiten 20 Minuten
Backen 18 Minuten
Für 4 Waffeln von 24 cm Ø

Zwetschgenwaffeln mit Limetten-Quark-Creme

Zutaten
- 100 g Mascarpone
- 250 g Quark
- Etwas Puderzucker
- 4–5 EL Sahne
- 1 Limette
- 1 EL Zitronenlikör
- 250 g Zwetschgen
- 175 g weiche Butter
- 150 g Zucker
- 1 Pck. Vanillezucker
- 1 Prise Salz
- 4 Eier
- 1 EL Rum
- 200 g Mehl
- 1/2 TL Backpulver

1 Mascarpone und Quark mit 2 Esslöffel Puderzucker und 2 bis 3 Esslöffel Sahne verrühren. Die Limettenschale abreiben, den Saft auspressen. Beides mit dem Zitronenlikör unter die Creme rühren. Kalt stellen.

2 Die Zwetschgen waschen, entsteinen und in kleine Würfel schneiden. Die Butter mit Zucker, Vanillezucker, Salz und Eiern schaumig rühren.

3 Rum und 2 Esslöffel Sahne dazugeben. Dann das Mehl und zum Schluss das Backpulver und die Zwetschgenwürfel unter die Eigelbmasse rühren.

4 Die Waffeln im vorgeheizten, gefetteten Eisen backen und nebeneinander auf ein Kuchengitter legen. Auf Tellern anrichten und mit Puderzucker bestäuben. Die Limetten-Quark-Creme getrennt dazu reichen.

Vorbereiten 30 Minuten
Backen 18 Minuten
Für 6 Waffeln von 24 cm Ø

Vanillejogurtwaffeln mit Schokocreme

Zutaten
- 250 g Sahne
- 1 Pck. Torten-Trick Schokoladenpulver
- 150 g weiche Butter
- 100 g flüssiger Honig
- 4 Eier
- 150 g Weizen-Vollkornmehl
- 1/2 TL Backpulver
- 250 g Vanillejogurt
- Puderzucker

1 Die Sahne in einen Rührbecher geben, das Schokoladenpulver einrieseln lassen, steif schlagen und kalt stellen. Die Butter mit Honig und Eiern schaumig schlagen. Mehl, Backpulver und Jogurt unterrühren.

2 Die Waffeln im vorgeheizten, gefetteten Eisen backen und nebeneinander auf einem Kuchengitter abkühlen lassen. In einzelne Herzen teilen. Je 2 Herzen mit der Schokocreme füllen und anschließend mit Puderzucker bestäuben.

Vorbereiten 15 Minuten
Backen 18 Minuten
Für 6 Waffeln von 24 cm Ø

ZUTATEN

- *120 g weiche Butter*
- *200 g Zucker*
- *1 Pck. Vanillezucker*
- *1 Prise Salz*
- *3 Eier*
- *1/2 EL Rum*
- *4 EL Milch*
- *70 g Mehl*
- *1/4 TL Backpulver*
- *70 g gem. Mandeln*
- *5 Blatt weiße Gelatine*
- *300 g Heidelbeeren*
- *200 g Ricotta*
- *100 g Mascarpone*
- *1/2 TL abgeriebene Limettenschale*
- *3 EL Orangenlikör*
- *125 g Sahne*
- *Kandierte Veilchen*

WAFFELTURM MIT HEIDELBEERCREME ▸

1 Für die Waffeln die weiche Butter mit 120 Gramm Zucker, einem halben Päckchen Vanillezucker, Salz und Eiern schaumig schlagen. Rum, Milch, Mehl, Backpulver und Mandeln nach und nach unterrühren.

2 Die Waffeln im vorgeheizten, gefetteten Eisen backen und nebeneinander auf ein Kuchengitter legen.

3 Für die Heidelbeercreme die Gelatine in kaltem Wasser einweichen. Die Beeren waschen und abtropfen lassen. Den Ricotta mit Mascarpone, 80 Gramm Zucker und Limettenschale verrühren, bis sich der Zucker aufgelöst hat. Den Orangenlikör erwärmen, die ausgedrückte Gelatine darin auflösen und anschließend unter die Ricottacreme rühren. Heidelbeeren unterheben.

4 Eine Waffel auf eine Tortenplatte legen und mit einem Drittel von der Creme bestreichen. Die zweite Waffel auflegen, mit einem weiteren Drittel von der Creme bestreichen. Die dritte Waffel auflegen und die restliche Creme darauf verteilen. Die letzte Waffel in die einzelnen Segmente teilen, diese nochmals halbieren und auf die Heidelbeercreme legen.

5 Einen Backpapierstreifen in Höhe und Umfang der Torte schneiden, um die Waffeltorte legen und mit einer Büroklammer befestigen. Die Torte 3 bis 4 Stunden kalt stellen.

6 Kurz vor dem Servieren die Sahne steif schlagen, ein halbes Päckchen Vanillezucker einrieseln lassen. Die Sahne in einen Spritzbeutel mit Sterntülle füllen und Rosetten auf die oberste Waffel spritzen. Auf die Rosetten kandierte Veilchen setzen. Die Waffeltorte mit einem scharfen Messer in Kuchenstücke schneiden.

Vorbereiten 45 Minuten
Backen 12 Minuten
Kühlen 3–4 Stunden
Für 4 Waffeln von 24 cm Ø

Cappuccinoherzen mit Kaffeecreme

ZUTATEN
- 200 g weiche Butter
- 3 EL Instant-Cappuccino
- 1 EL Zucker
- 1 Pck. Vanillezucker
- 2 Eier
- 2 EL Amaretto
- 300 ml Milch
- 50 ml Mineralwasser
- 250 g Mehl
- 1 TL Backpulver
- 2 Eigelb
- 20 g Speisestärke
- 2 EL Puderzucker
- 2 EL Kaffeelikör
- Mandelblättchen
- 100 g Sahne
- 1 EL Kaffeebohnen
- Kakaopulver

1 60 Gramm weiche Butter mit 1 Esslöffel Cappuccinopulver, Zucker, einem halben Päckchen Vanillezucker und den Eiern schaumig rühren.

2 1 Esslöffel Amaretto, 50 Milliliter Milch, Mineralwasser, Mehl und Backpulver nach und nach unter die Eiermasse rühren, bis ein glatter Teig entstanden ist.

3 Die Waffeln im vorgeheizten, gefetteten Eisen backen und nebeneinander auf ein Kuchengitter legen.

4 Für die Kaffeecreme 250 Milliliter Milch mit 2 EL Cappuccinopulver erhitzen, vom Herd nehmen. Die Eigelbe und die Speisestärke unterrühren, alles unter Rühren weiter erhitzen und einige Male aufkochen lassen, bis die Creme bindet; dann beiseite stellen und abkühlen lassen.

5 Die restliche Butter mit dem Puderzucker und dem Kaffeelikör verrühren. Die Kaffeecreme nach und nach unter die Butter rühren.

6 Die Waffeln in die einzelnen Herzen teilen. Ein Herzchen mit etwas Buttercreme bestreichen, ein zweites aufsetzen, mit Buttercreme bestreichen, mit einem dritten abdecken und wieder mit Buttercreme bestreichen. So verfahren, bis alle Herzen verbraucht sind.

7 Die gefüllten Cappuccinoherzen auf eine Platte setzen, mit Mandelblättchen bestreuen und für mindestens 2 Stunden in den Kühlschrank stellen.

8 Zum Dekorieren die Sahne mit einem halben Päckchen Vanillezucker steif schlagen und 1 Esslöffel Amaretto unterrühren. Die Sahne in einen Spritzbeutel mit Sterntülle füllen, je 1 Rosette auf jedes Herz spritzen. Die Rosetten mit Kaffeebohnen garnieren und zum Schluss mit etwas Kakaopulver bestäuben.

Vorbereiten 40 Minuten
Backen 9 Minuten
Kühlen mindestens 2 Stunden
Für 3 Waffeln von 24 cm Ø

Zitronenwaffeln mit Baiser

Zutaten

- *1 Zitrone*
- *2 kandierte Orangenscheiben*
- *70 g weiche Butter*
- *30 g Zucker*
- *1 kleine Prise Salz*
- *2 Eier*
- *2 EL Zitronensirup*
- *100 g Buttermilch*
- *125 g Mehl*
- *1/2 TL Backpulver*
- *4 Eiweiß*
- *200 g Puderzucker*

1 Die Zitronenschale abreiben und den Saft auspressen. Die Orangenscheiben in kleine Würfel schneiden. Die Butter mit Zucker, Salz und Eiern schaumig rühren.

2 Zitronensirup, Buttermilch und Mehl unter die Eiermasse mischen. Das Backpulver, die Orangenwürfel und 1/2 Teelöffel abgeriebene Zitronenschale unterheben. Die Waffeln im vorgeheizten, gefetteten Eisen backen und auf ein Gitter legen.

3 Den Backofen auf 180 °C vorheizen. Die Eiweiße mit 1 Esslöffel Zitronensaft und 1 Teelöffel abgeriebener Zitronenschale steif schlagen, bis die Masse glänzt. Dabei den Puderzucker einrieseln lassen.

4 Die Waffeln auf ein Backblech mit Backpapier legen. Das Baiser in einen Spritzbeutel mit Sterntülle füllen und gitterförmig auf die Waffeln spritzen. Etwa 15 Minuten überbacken, bis das Baiser hellbraun ist.

Vorbereiten 25 Minuten
Backen 25 Minuten
Für 3 Waffeln von 24 cm Ø

Kokos-Vanille-Waffeln

Zutaten

- *50 g Kokosflocken*
- *5 Eier*
- *75 g Zucker*
- *1 TL gem. Vanille*
- *125 g Mehl*
- *40 g Speisestärke*
- *1 Prise Salz*
- *250 g Sahne*
- *2 EL Puderzucker*
- *1 EL Kokoslikör*

1 Die Kokosflocken in einer Pfanne ohne Fett hellgelb rösten. Die Eier trennen. Die Eigelbe mit dem Zucker und der gemahlenen Vanille schaumig schlagen. Mehl und Speisestärke darauf sieben.

2 Die Eiweiße mit dem Salz steif schlagen und mit den Kokosflocken auf das Mehl geben. Alles unter die Eigelbmasse heben.

3 Die Waffeln im vorgeheizten, gefetteten Eisen backen. Sahne mit Puderzucker steif schlagen und Kokoslikör unterrühren. Die Kokossahne getrennt zu den Waffeln reichen.

Vorbereiten 45 Minuten
Backen 12 Minuten
Für 4 Waffeln von 24 cm Ø

Eine Waffel zum Dessert

Ein Dessert mit Waffeln ist himmlisch und mal was anderes. So ein Nachtisch empfiehlt sich allerdings nur, wenn das Hauptgericht nicht so schwer und sättigend ausgefallen ist. Verwöhnen Sie sich und Ihre Gäste einmal mit Grießwaffeln und frisch-fruchtigen Waldbeeren, Waffeltürmchen mit Weincreme oder Mandelschnitten mit Vanillecreme. Keine Zeit? Dann sind Waffel-Tiramisu und Schokowaffeln mit Himbeersahne der Geheimtipp.

Griesswaffeln mit Waldbeeren ▸

ZUTATEN

- *400 g gemischte Waldbeeren*
- *125 ml Kirschsaft*
- *140 g Zucker*
- *1 Stck. unbehandelte Zitronenschale*
- *3 TL Speisestärke*
- *2 EL Schwarze-Johannisbeer-Likör*
- *150 g weiche Butter*
- *1/2 TL abgeriebene Limettenschale*
- *5 Eier*
- *185 g Weichweizengrieß*
- *300 ml Buttermilch*
- *1 TL Backpulver*
- *200 g Sahne*
- *1/2 Pck. Vanillezucker*
- *Puderzucker*
- *Gem. Zimt*

1 Die Beeren kurz abbrausen, abtropfen lassen und verlesen. Den Kirschsaft mit 2 Esslöffel Zucker und einem Stück Zitronenschale zum Kochen bringen. 1 gehäuften Teelöffel Speisestärke mit dem Likör verrühren und unter den heißen Kirschsaft mischen, aufkochen lassen. Die Beeren hineingeben, beiseite stellen und abkühlen lassen, dann 1 Stunde kalt stellen.

2 Für die Waffeln die weiche Butter mit 100 Gramm Zucker und Limettenschale schaumig rühren. Nach und nach die Eier, den Grieß und die Buttermilch untermengen. Zum Schluss das Backpulver und 2 Teelöffel Speisestärke unterheben.

3 Im vorgeheizten, gefetteten Eisen 6 Waffeln backen und nebeneinander auf ein Kuchengitter legen.

4 Die Waffeln auf Tellern anrichten. Die mit Vanillezucker gesüßte Sahne steif schlagen und in einen Spritzbeutel mit Sterntülle füllen. Die Beerengrütze jeweils in die Mitte der Waffeln geben, den Rand mit Rosetten bespritzen. Die Waffeln mit Puderzucker und Zimt bestäuben.

Vorbereiten 40 Minuten
Kühlen 1 Stunde
Backen 18 Minuten
Für 6 Waffeln von 24 cm Ø

ZUTATEN

- *400 g schwarze Johannisbeeren*
- *100 ml Schwarze-Johannisbeer-Saft*
- *50 ml Schwarze-Johannisbeer-Likör (Cassis)*
- *40 g Zucker*
- *½ Zimtstange*
- *1 Stck. Orangenschale*
- *2 Eiweiß*
- *1 TL Zitronensaft*
- *125 g weiche Butter*
- *125 g brauner Zucker*
- *1 Pck. Vanillezucker*
- *2 Eier*
- *1 cl Mandellikör*
- *1 Prise Salz*
- *70 g Mehl*
- *60 g Speisestärke*
- *¼ TL Backpulver*
- *Puderzucker*

KNUSPERWAFFELN MIT CASSISSORBET

1 Für das Sorbet die Johannisbeeren waschen und abtropfen lassen. Einige Rispen für die Dekoration beiseite legen. Die restlichen durch die Zinken einer Gabel ziehen. Johannisbeersaft mit -likör, Zucker, Zimtstange und einem Stück Orangenschale zum Kochen bringen und etwa 5 Minuten bei schwacher Hitze kochen lassen.

2 Abkühlen lassen, Orangenschale und Zimtstange entfernen. Die Johannisbeeren mit dem Sud pürieren und durch ein feines Sieb streichen. Die Eiweiße mit dem Zitronensaft zu steifem Schnee schlagen und unter die Johannisbeermasse heben.

3 Das Sorbet in eine Metallschüssel geben und 2 Stunden tiefkühlen. Dabei mehrmals durchrühren, damit sich keine zu großen Eiskristalle bilden.

4 Für die Waffeln die Butter mit Zucker, Vanillezucker, Eiern, Mandellikör und Salz schaumig rühren, bis sich der Zucker aufgelöst hat. Mehl, Speisestärke und Backpulver nach und nach unter die Eiermasse rühren, bis ein glatter Teig entstanden ist.

5 Die Waffeln im vorgeheizten, gefetteten Eisen backen und nebeneinander auf ein Kuchengitter legen, dann in einzelne Herzen teilen.

6 Das Sorbet mit dem Pürierstab kräftig durchrühren und in einen Spritzbeutel mit Sterntülle füllen. Vier Herzen auf Tellern verteilen und das Sorbet dekorativ darauf spritzen. Je ein Herz schräg auf das Sorbet setzen. Das Dessert mit Beerenrispen garnieren und mit Puderzucker bestäuben. Die übrigen Waffeln getrennt dazu reichen.

Vorbereiten 40 Minuten
Kühlen 2 Stunden
Backen 9 Minuten
Für 3 Waffeln von 24 cm Ø

Waffeltürmchen mit Weincreme

1 Die Gelatine in kaltem Wasser einweichen. Die Eigelbe mit 160 Gramm Zucker in einen Topf geben. Den Wein angießen und alles unter Rühren erhitzen, aber nicht kochen lassen. Sobald die Eigelbe binden, die Creme beiseite stellen. Die Gelatine ausdrücken und in der warmen Creme auflösen. Die Creme kalt stellen.

2 Für die Dekoration Trauben waschen und abtropfen lassen. Das Eiweiß mit einem Schneebesen in einer kleinen Schüssel leicht aufschlagen. Die Trauben zuerst in das Eiweiß tauchen, dann in den Kristallzucker. Auf einem Teller trocknen lassen.

3 Sahne steif schlagen und danach unter die Weincreme heben, sobald diese anfängt zu stocken.

4 Für die Waffeln die Butter mit 200 Gramm Zucker, Kakao und Salz schaumig rühren, bis sich der Zucker aufgelöst hat. Die Eier nacheinander unter die Butter-Zucker-Masse mischen. Mehl und gemahlene Mandeln nach und nach unter die Eiermasse rühren. Das Backpulver unterheben.

5 Ein Waffeleisen auf mittlerer Stufe vorheizen und mit etwas Butter ausstreichen. Je etwa 2 kleine Schöpflöffel (à 40 ml) Teig in das Waffeleisen geben und daraus Waffeln backen.

6 Die fertigen Waffeln nebeneinander auf ein Kuchengitter legen und auskühlen lassen. Anschließend die Waffeln in einzelne Herzen teilen.

7 Je zwei Waffeln mit der Weincreme bestreichen und aufeinander setzen, mit einer dritten Waffel abdecken. Die oberste Waffel mit Puderzucker bestäuben und mit den gezuckerten Weintrauben garnieren.

Vorbereiten 45 Minuten
Backen 18 Minuten
Für 6 Waffeln von 24 cm Ø

ZUTATEN

- *8 Blatt weiße Gelatine*
- *4 Eigelb*
- *360 g Zucker*
- *375 ml aromatischer Weißwein*
- *Ca. 30 Weintrauben ohne Kerne*
- *1 Eiweiß*
- *Etwas feiner Kristallzucker*
- *250 g Sahne*
- *250 g weiche Butter*
- *3 EL Kakao*
- *1 Prise Salz*
- *4 Eier*
- *125 g Mehl*
- *125 g gem. Mandeln*
- *1/2 TL Backpulver*
- *Puderzucker*

Windbeutelwaffeln mit Erdbeermousse

Zutaten
- *6 Blatt rote Gelatine*
- *700 g Erdbeeren*
- *5 EL Zucker*
- *2 EL Erdbeerlikör*
- *100 g Jogurt*
- *300 g Sahne*
- *250 ml Milch*
- *50 g Butter*
- *1 Prise Salz*
- *150 g Mehl*
- *6 Eier*
- *1 Pck. Vanillezucker*
- *Puderzucker*
- *Zitronenmelisse*

1 Die Gelatine in kaltem Wasser einweichen. 500 Gramm Erdbeeren mit dem Zucker pürieren. Die übrigen Beeren beiseite stellen. Den Erdbeerlikör erwärmen und die Gelatine darin auflösen. Mit dem Jogurt unter das Erdbeermus mischen. 100 Gramm Sahne steif schlagen und unterheben. Die Creme 3 Stunden kalt stellen.

2 Milch mit Butter und Salz zum Kochen bringen. Mehl auf einmal hineinschütten und rühren, bis sich der Teig als Kloß vom Topfboden löst. Etwas abkühlen lassen, dann die Eier unterschlagen. Die Waffeln im vorgeheizten, gefetteten Eisen backen.

3 Die übrigen Erdbeeren halbieren. 200 Gramm Sahne mit Vanillezucker steif schlagen. Waffeln mit Puderzucker bestäuben und mit Erdbeermousse, Beeren, Sahne und Melisseblättchen anrichten.

Vorbereiten 30 Minuten
Kühlen 3 Stunden
Backen 18 Minuten
Für 6 Waffeln von 24 cm Ø

Waffel-Tiramisu

Zutaten
- *4 Eier*
- *1 Packung Backmischung Biskuitteig*
- *30 ml Wasser*
- *200 ml Milch*
- *100 g Sahne*
- *1 Packung Tiramisu-Creme*
- *200 ml starker Kaffee*
- *Kakaopulver*

1 Die Eier trennen. Das Eiweiß steif schlagen. Die Eigelbe mit der Backmischung in 30 Milliliter Wasser verrühren, Eischnee unterheben. Die Waffeln im vorgeheizten, gefetteten Eisen backen.

2 Milch, Sahne und Cremepulver gemäß Packungsanleitung mit dem Schneebesen cremig aufschlagen.

3 Eine Auflaufform schichtweise mit Waffeln (jede mit etwas Kaffee beträufeln) und Creme füllen. 1 Stunde kühlen, dann mit Kakao bestäuben.

Vorbereiten 15 Minuten
Backen 18 Minuten
Kühlen mindestens 1 Stunde
Für 6 Waffeln von 24 cm Ø

WAFFELTRIFLE

1 Die Eier trennen. Die Eigelbe mit 100 Gramm Zucker schaumig schlagen. Die Eiweiße mit dem Salz steif schlagen. Mehl und Speisestärke auf die Eigelbcreme sieben. Das Eiweiß darauf geben und beides locker unter die Eigelbmasse heben.

2 Die Waffeln im vorgeheizten, gefetteten Eisen backen und nebeneinander auf ein Kuchengitter legen.

3 Die Eigelbe mit der Speisestärke, 40 Gramm Zucker und 4 Esslöffel Milch verrühren. Die Vanilleschote aufschneiden, das Mark herauskratzen. Die restliche Milch mit Schote und Mark zum Kochen bringen. Von der Kochstelle ziehen und die Eigelbmasse unterrühren. Alles unter Rühren wieder erhitzen, bis die Masse gebunden ist. Die Creme abkühlen lassen, die Vanilleschote entfernen.

4 Die Beeren waschen und putzen, eventuell zerkleinern (Erdbeeren). Einige schöne Beeren für die Dekoration beiseite legen. Das Gelee erwärmen.

5 250 Gramm Sahne mit dem restlichen Zucker steif schlagen und unter die abgekühlte Vanillecreme ziehen.

6 Eine Biskuitwaffel in eine runde Auflaufform geben, mit ein wenig Sherry beträufeln, mit etwas Gelee, dann mit einem Viertel von der Vanillecreme und einem Drittel der Beeren bedecken. So verfahren, bis alle Waffeln verbraucht sind. Die letzte Waffel nur noch tränken und mit Creme bestreichen. Das Trifle mindestens 2 Stunden kühl stellen.

7 150 Gramm Sahne mit dem Puderzucker steif schlagen. Mit dem Spritzbeutel Rosetten auf die oberste Waffel spritzen, mit den beiseite gelegten Früchten hübsch garnieren.

Vorbereiten 50 Minuten
Backen 12 Minuten
Kühlen mindestens 2 Stunden
Für 4 Waffeln von 24 cm Ø

ZUTATEN

- *4 Eier*
- *180 g Zucker*
- *1 Prise Salz*
- *60 g Mehl*
- *60 g Speisestärke*
- *3 Eigelbe*
- *2 EL Speisestärke*
- *1/2 Vanilleschote*
- *500 ml Milch*
- *500 g gemischte Beeren*
- *4 EL Johannisbeergelee*
- *400 g Sahne*
- *100 ml süßer Sherry*
- *1 EL Puderzucker*

Zitronenwaffeln mit Aprikosen-Maracuja-Creme

ZUTATEN
- *200 ml kaltes Wasser*
- *1 Pck. Aprikosen-Maracuja-Creme*
- *150 g Jogurt (3,5 % Fett)*
- *1 Packung Backmischung Zitronenkuchen*
- *3 Eier*
- *150 g weiche Butter*
- *200 ml Milch*
- *Kokosflocken*
- *Zitronenmelisse*

1 Das Wasser in eine Rührschüssel geben. Das Cremepulver hinzufügen und mit den Schneebesen des Handrührgerätes zuerst kurz auf niedrigster, dann etwa 3 Minuten auf höchster Stufe verrühren.

2 Den Jogurt auf niedriger Stufe unterrühren und die Creme mindestens 90 Minuten kalt stellen.

3 Für die Waffeln die Backmischung in eine Rührschüssel geben und mit Eiern, Butter und Milch zu einem glatten Teig verarbeiten.

4 Die Waffeln im vorgeheizten, gefetteten Eisen backen und nebeneinander auf ein Kuchengitter legen.

5 Zum Servieren die Waffeln auf Tellern anrichten und mit Kokosflocken bestreuen. Von der Creme mit einem Esslöffel Nocken abstechen und auf die Waffeln setzen. Mit Zitronenmelisseblättchen garnieren.

Vorbereiten 10 Minuten
Kühlen 90 Minuten
Backen 18 Minuten
Für 6 Waffeln von 24 cm Ø

Schokowaffeln mit Himbeersahne

ZUTATEN
- *200 g Sahne*
- *Etwas Puderzucker*
- *300 g Himbeeren*
- *1 Packung Backmischung (485 g) Schokokuchen*
- *150 g weiche Butter*
- *3 Eier*
- *200 ml Milch*

1 Die Sahne mit 50 Gramm Puderzucker steif schlagen. Himbeeren pürieren und unter die Sahne mischen.

2 Die Backmischung mit Butter, Eiern und Milch verrühren. Die Waffeln im vorgeheizten Eisen backen.

3 Die Waffeln auf Tellern anrichten, mit Puderzucker bestäuben und mit der Himbeersahne servieren.

Vorbereiten 15 Minuten
Backen 18 Minuten
Für 6 Waffeln von 24 cm Ø

MANDELSCHNITTEN MIT VANILLECREME

ZUTATEN
- 6 Eier
- 120 g Zucker
- 2 EL Speisestärke
- 625 ml Milch
- 1/2 Vanilleschote
- 50 g Puderzucker
- 125 g weiche Butter
- 50 g flüssiger Honig
- 1 Pck. Vanillezucker
- 75 g Mehl
- 1/2 TL Backpulver
- 125 g gem. Mandeln
- 125 g Jogurt
- 1/2 TL abgeriebene, unbehandelte Zitronenschale
- 100 g Mandelblättchen
- 50 g Sahne

1 Für die Vanillecreme 3 Eier trennen. 50 Gramm Zucker mit der Speisestärke und den Eigelben mischen. 50 Milliliter Milch dazugeben und alles zu einer glatten Creme verrühren.

2 Die Vanilleschote aufschneiden und das Mark herauskratzen. Schote und Mark mit 450 Milliliter Milch und 50 Gramm Zucker zum Kochen bringen. Die Vanillemilch vom Herd nehmen und die Eigelbmasse hineinrühren. Alles unter Rühren wieder erhitzen, bis die Milch bindet. Die Creme vom Herd nehmen und die Vanilleschote entfernen.

3 Die Eiweiße mit dem Puderzucker steif schlagen. Unter die Creme heben, diese erneut erhitzen und einmal aufwallen lassen, dann beiseite stellen.

4 Für die Waffeln 75 Gramm weiche Butter mit Honig, Vanillezucker und 3 Eiern schaumig rühren. Mehl, Backpulver, Mandeln, 125 Milliliter Milch, Jogurt und Zitronenschale unterrühren.

5 Die Waffeln im vorgeheizten, gefetteten Eisen backen und nebeneinander auf ein Kuchengitter legen. Den Backofen auf 220 °C vorheizen.

6 Für den Belag die Mandelblättchen mit 50 Gramm Butter, dem restlichen Zucker und der Sahne zum Kochen bringen. Kochen lassen, bis die Masse dickflüssig ist. Eine Waffel mit der Masse bestreichen und im Backofen etwa 10 Minuten backen. Herausnehmen und abkühlen lassen.

7 Die Waffeln in einzelne Herzen teilen. Je drei Waffelherzen mit Creme bestreichen und aufeinander setzen. Die Waffel mit den Mandelblättchen ebenfalls teilen und oben aufsetzen.

Vorbereiten 60 Minuten
Backen 22 Minuten
Für 4 Waffeln von 24 cm Ø

Waffel-Frucht-Herzen mit Baiser

Zutaten
- 250 ml Milch
- 50 g Butter
- 1 Prise Salz
- 150 g Mehl
- 6 Eier
- 350 g Himbeeren
- 50 g Puderzucker
- 1 EL Orangenlikör
- 500 g Sahne
- 2 Pck. Vanillezucker
- 3 Baisers, zu Krümeln zerdrückt

1 Milch mit Butter und Salz zum Kochen bringen. Das Mehl auf einmal hineinschütten und rühren, bis sich der Teig als Kloß vom Topfboden löst. Etwas abkühlen lassen, dann nach und nach die Eier unterschlagen. Die Waffeln im vorgeheizten, gefetteten Eisen backen. In einzelne Herzen teilen.

2 Himbeeren (bis auf 10) mit Puderzucker und Orangenlikör mischen, mit einer Gabel zerdrücken. Sahne mit Vanillezucker steif schlagen, zwei Drittel der Baiserkrümel und Himbeermus unterheben.

3 Je zwei Herzen mit etwas Himbeercreme bestreichen und aufeinander setzen. Mit Baiserkrümeln bestreuen.

Vorbereiten 40 Minuten
Backen 12 Minuten
Für 4 Waffeln von 24 cm Ø

Waffel-Bananen-Schnitten

Zutaten
- 350 g Sahne
- 200 g Zartbitterschokolade
- 2 Eier
- 50 g Zucker
- 30 g Mehl
- 30 g Speisestärke
- 1 Prise Salz
- Etwas Kakaopulver
- 2 Bananen (in Scheiben geschnitten)
- Puderzucker
- 1 EL Vanillezucker
- 2 EL Eierlikör

1 200 Gramm Sahne erhitzen und die zerkleinerte Schokolade darin schmelzen lassen. 2 Stunden kalt stellen.

2 Die Eier trennen. Eigelbe mit Zucker schaumig schlagen. Mehl, Speisestärke, Salz und 1 Teelöffel Kakao darauf sieben. Eiweiße steif schlagen, auf den Teig geben und alles unterheben. Die Waffeln im vorgeheizten, gefetteten Eisen backen. In einzelne Herzen teilen.

3 Die Schokosahne cremig aufschlagen. Je zwei Herzen mit Schokosahne und Bananenscheiben füllen. Mit Puderzucker und Kakao bestäuben. 150 Gramm Sahne mit Vanillezucker steif schlagen, den Eierlikör unterrühren. Sahne auf die Herzen spritzen.

Vorbereiten 30 Minuten
Kühlen mindestens 2 Stunden
Backen 6 Minuten
Für 2 Waffeln von 24 cm Ø

Dattelwaffeln mit Zitrusfruchtsalat

ZUTATEN

- *3 Orangen*
- *2 rosa Grapefruits*
- *2 EL Honig*
- *2 EL Orangenlikör*
- *200 g frische Datteln*
- *2 EL Rosenwasser (Apotheke)*
- *250 g weiche Butter*
- *100 g Zucker*
- *1 Pck. Vanillezucker*
- *1 Prise Salz*
- *4 Eier*
- *100 g Speisestärke*
- *150 g Mehl*
- *1 TL Backpulver*
- *200 g Schmand*
- *Puderzucker*
- *Gem. Zimt*
- *Zitronenmelisse*
- *1 EL gehackte Pistazien*

1 Für den Fruchtsalat Orangen und Grapefruits schälen, dabei auch die weiße Innenhaut entfernen. Die Fruchtfilets aus den Häuten lösen, den Saft dabei auffangen. Honig mit Fruchtsaft und Orangenlikör verrühren, die Zitrusfruchtfilets damit begießen und 1 Stunde kalt stellen.

2 Für die Waffeln die Datteln entsteinen, in kleine Würfel schneiden und mit dem Rosenwasser vermischen. Zugedeckt beiseite stellen.

3 Die Butter mit Zucker, Vanillezucker und Salz schaumig rühren, bis sich der Zucker aufgelöst hat. Die Eier nacheinander unter die Butter-Zucker-Masse geben. So lange rühren, bis eine cremig-schaumige Masse entstanden ist.

4 Speisestärke und Mehl nach und nach unter die Eiermasse rühren und zu einem glatten Teig verarbeiten. Zum Schluss das Backpulver und die Datteln unterheben und den Schmand unterrühren.

5 Ein Waffeleisen auf mittlerer Stufe vorheizen und mit etwas Butter ausstreichen. Je etwa 2 kleine Schöpflöffel (à 40 ml) Teig in das Waffeleisen geben und daraus Waffeln backen. Die fertigen Waffeln nebeneinander auf ein Kuchengitter legen.

6 Zum Servieren die Waffeln mit dem Zitrusfruchtsalat auf Tellern anrichten. Die Waffeln mit Puderzucker und Zimt bestäuben. Den Salat mit einigen Zitronenmelisseblättchen und gehackten Pistazien garnieren.

Vorbereiten 45 Minuten
Kühlen 1 Stunde
Backen 18 Minuten
Für 6 Waffeln von 24 cm Ø

KOKOSNUSSWAFFELN MIT BLUTORANGENSORBET

1 Für das Blutorangensorbet das Wasser mit 60 Gramm Zucker und der abgeriebenen Orangenschale in einen Topf geben, zum Kochen bringen und etwa 4 Minuten unter Rühren kochen lassen. Den Zuckersirup beiseite stellen und abkühlen lassen.

2 Eine der beiden Limetten auspressen, mit dem Blutorangensaft mischen und unter den Zuckersirup rühren.

3 Das Eiweiß mit 25 Gramm Zucker verrühren und über dem warmen Wasserbad steif schlagen. Dann herausnehmen und weiterschlagen, bis es kalt ist.

4 Den Eischnee unter die Orangenmasse rühren. Das Sorbet in eine flache Schüssel mit Deckel geben und im Tiefkühlgerät (oder in der Eismaschine) in 3 bis 4 Stunden fest werden lassen. Dabei immer wieder umrühren, damit sich keine zu großen Eiskristalle bilden.

5 Für die Waffeln die zweite Limette heiß abwaschen und trocknen. Die Schale fein abreiben und den Saft auspressen.

6 Die Butter mit 175 Gramm Zucker, Limettenschale und -saft schaumig rühren. Die Eier trennen. Die Eigelbe nacheinander unter die Butter-Zucker-Masse geben und alles zu einer cremig-schaumigen Masse verschlagen.

7 Mehl und Stärkemehl unter die Eigelbmasse rühren, bis ein glatter Teig entstanden ist. Die Eiweiße mit Salz zu steifem Schnee schlagen. Den Eischnee mit Backpulver und Kokosflocken unter den Teig heben.

8 Die Waffeln im vorgeheizten, gefetteten Eisen backen und nebeneinander auf ein Kuchengitter legen.

9 Zum Servieren auf Teller geben, je 1 Portion Sorbet darauf verteilen, mit Puderzucker bestäuben und mit Zitronenmelisse garnieren.

Vorbereiten 50 Minuten
Kühlen 3–4 Stunden
Backen 18 Minuten
Für 6 Waffeln von 24 cm Ø

ZUTATEN

- *100 ml Wasser*
- *260 g Zucker*
- *1 TL abgeriebene Orangenschale*
- *2 Limetten*
- *250 ml frisch gepresster Blutorangensaft*
- *1 Eiweiß*
- *200 g weiche Butter*
- *4 Eier*
- *125 g Mehl*
- *100 g Stärkemehl*
- *1 Prise Salz*
- *1/2 TL Backpulver*
- *125 g Kokosflocken*
- *Puderzucker*
- *Zitronenmelisse*

ZUTATEN

- *500 g Quark*
- *7 Blatt weiße Gelatine*
- *3 Eigelb*
- *250 g Zucker*
- *1 TL abgeriebene Orangenschale*
- *250 ml Orangensaft*
- *1 EL Speisestärke*
- *2 EL Orangenlikör*
- *250 g Sahne*
- *4 Eier*
- *4 EL warmes Wasser*
- *100 g Mehl*
- *1 TL Backpulver*
- *2 EL Zitronensaft*
- *½ TL abgeriebene, unbehandelte Zitronenschale*
- *Puderzucker*
- *Orangenfilets*

Biskuitwaffeln mit Orangen-Quark-Creme ▸

1 Für die Creme ein Sieb mit einem Tuch ausschlagen, den Quark hineingeben und darin abtropfen lassen. Die Gelatine in kaltem Wasser einweichen.

2 Die Eigelbe mit 120 Gramm Zucker und der Orangenschale in einem Topf verquirlen. Den Orangensaft mit der Speisestärke glatt rühren und unter die Eigelbmasse heben. Alles unter Rühren erhitzen (aber nicht kochen lassen), bis die Masse cremig wird. Die Creme vom Herd nehmen. Die ausgedrückte Gelatine in der warmen Creme auflösen.

3 Den abgetropften Quark mit dem Orangenlikör in die abgekühlte Creme rühren. Die Sahne steif schlagen und unterheben. Die Orangen-Quark-Creme mindestens für 1 Stunde in den Kühlschrank stellen.

4 Inzwischen für die Waffeln die Eier trennen. Die Eigelbe mit dem Wasser und 130 Gramm Zucker cremig aufschlagen.

5 Dann das Mehl und das Backpulver unterheben. Die Eiweiße mit etwas Zitronensaft steif schlagen, mit der Zitronenschale und dem restlichen Zitronensaft ebenfalls unter die Eigelbmasse heben.

6 Ein Waffeleisen auf mittlerer Stufe vorheizen und mit etwas Butter ausstreichen. Je etwa 2 kleine Schöpflöffel (à 40 ml) Teig in das Waffeleisen geben und daraus Waffeln backen. Die fertigen Waffeln nebeneinander auf ein Kuchengitter legen.

7 Die Orangencreme in einen Spritzbeutel mit Sterntülle füllen. Die Waffeln in einzelne Herzen teilen. Jeweils ein Herz mit Creme bespritzen, ein zweites Herz darauf setzen. Die Herzen dick mit Puderzucker bestäuben und mit Orangenfilets garnieren.

Vorbereiten 40 Minuten
Kühlen 1 Stunde
Backen 12 Minuten
Für 4 Waffeln von 24 cm Ø

Das lieben Kinder

Kinder lieben Waffeln immer und in allen Variationen, wenn sie süß sind. Zum Kindergeburtstag oder Plantschfest im Sommer darf es aber ruhig etwas Besonderes sein: Von den Waffelblumen, den Waffelmäuschen und den Wundertüten mit einer schönen Überraschung werden die kleinen Gäste bestimmt noch lange schwärmen. Für den Aufwand wird man mit glücklichen Gesichtern vielfach entschädigt.

ZUTATEN

- *125 g weiche Butter*
- *50 g brauner Zucker*
- *1/2 Pck. Vanillezucker*
- *1/2 TL abgeriebene, unbehandelte Zitronenschale*
- *1 Prise Salz*
- *2 Eier*
- *75 g Mehl mit Weizenkeimen*
- *100 ml Milch*
- *1/2 TL Backpulver*
- *30 g gem. Mandeln*
- *2 TL Kakao*
- *Vanille- oder Schokoladeneis*
- *Puderzucker*

Windmühlenwaffeln

1 Die Butter mit Zucker, Vanillezucker, Zitronenschale und Salz schaumig rühren, bis sich der Zucker aufgelöst hat. Eier nacheinander unter die Butter-Zucker-Masse schlagen.

2 Das Mehl und die Milch nach und nach unter die Eiermasse rühren und alles zu einem glatten Teig verarbeiten. Zum Schluss das Backpulver unterheben. Den Teig teilen. In eine Hälfte die gemahlenen Mandeln und in die andere Hälfte das Kakaopulver rühren.

3 Die Waffeln im vorgeheizten, gefetteten Eisen backen und nebeneinander auf ein Kuchengitter legen.

4 Zum Servieren die Waffeln in einzelne Herzen teilen, diese nochmals mit einem Messer halbieren. Je 3 dunkle und 3 helle Waffelstücke wie Windmühlenflügel nebeneinander auf einem Teller anordnen (abwechselnd immer eine dunkle und eine helle Waffel).

5 In die Mitte, dort, wo sich die Spitzen der Windmühlenflügel treffen, je 1 Kugel Vanille- oder Schokoladeneis setzen. Die Waffeln mit Puderzucker bestäuben und sofort servieren.

Vorbereiten 25 Minuten
Backen 12 Minuten
Für 4 Waffeln von 19 cm Ø

WAFFELBLUMEN

1 Die Butter mit Zucker, Vanillezucker, Eiern und Salz schaumig schlagen.

2 Mehl, gemahlene Mandeln, Backpulver und Milch nach und nach unter die Eiermasse rühren.

3 Die Waffeln im vorgeheizten, gefetteten Eisen backen und nebeneinander auf dem Gitter abkühlen lassen.

4 Die Kuvertüre im Wasserbad schmelzen lassen und die Waffeln damit bestreichen. Die gelben Smarties in die Mitte auf die noch flüssige Kuvertüre legen, trocknen lassen. Wer mag, dekoriert die Umrisse der »Blütenblätter« mit bunten Smarties.

Vorbereiten 30 Minuten
Backen 24 Minuten
Für 8 Waffeln von 19 cm Ø

ZUTATEN
- *200 g weiche Butter*
- *100 g Zucker*
- *1 Pck. Vanillezucker*
- *4 Eier*
- *1 Prise Salz*
- *250 g Mehl*
- *100 g gem. Mandeln*
- *1 TL Backpulver*
- *250 ml Milch*
- *Weiße Kuvertüre*
- *Gelbe Smarties*

MICKYMAUS

1 Die Butter mit Zucker, Ei und Salz schaumig rühren. Sahne, Mehl und Backpulver nach und nach unterrühren, bis ein glatter Teig entstanden ist. Die Waffeln im vorgeheizten, gefetteten Eisen backen. Nach dem Abkühlen in einzelne Herzen teilen.

2 Die weiße Kuvertüre über dem warmen Wasserbad schmelzen lassen. In einen kleinen Tiefkühlbeutel füllen. Eine winzige Ecke des Beutels abschneiden und je zwei ovale Augen auf die Waffeln spritzen. Das Ganze trocknen lassen.

3 Die Zartbitterkuvertüre ebenso über dem warmen Wasserbad schmelzen lassen und in einen Beutel mit Loch füllen. Die oberen Teile der Herzen (die Ohren) mit der Kuvertüre überziehen, dann die Augen konturieren und die Pupillen aufspritzen. An die Spitze ein Schnäuzchen setzen. Die Fruchtgummis als Schnurrhaare auf der flüssigen Kuvertüre befestigen.

Vorbereiten 50 Minuten
Backen 6 Minuten
Für 2 Waffeln von 19 cm Ø

ZUTATEN
- *60 g weiche Butter*
- *60 g Zucker*
- *1 großes Ei*
- *1 kleine Prise Salz*
- *3 EL Sahne*
- *70 g Mehl*
- *$^1/_4$ TL Backpulver*
- *100 g Kuvertüre, weiß*
- *150 g Zartbitterkuvertüre*
- *10 Fruchtgummischnüre à 5 cm*

ZUTATEN

- *200 g Marzipan-rohmasse*
- *150 g Puderzucker*
- *250 g weiche Butter*
- *2 Pck. Vanillezucker*
- *1 Prise Salz*
- *100 ml Wasser*
- *4 große Eier*
- *125 g Mehl*
- *125 g Speisestärke*
- *400 g frische Beeren*
- *Etwas Zucker*
- *150 g Sahne*
- *Vanilleeis*

Nach Belieben bunte Marzipan- oder Zuckerfiguren, Schoko- oder Zuckerstreusel, Krokant, Smarties etc.

WUNDERTÜTEN ▸

1 Für die Waffeln die Marzipanrohmasse mit einer Gabel zerdrücken und mit dem Puderzucker vermengen. Mit der Butter, 1 Päckchen Vanillezucker und Salz in 100 Milliliter Wasser verrühren. Die Eier nacheinander unter die Butter-Zucker-Masse schlagen. So lange rühren, bis eine cremig-schaumige Masse entstanden ist.

2 Mehl und Speisestärke nach und nach unter die Eiermasse rühren und zu einem glatten Teig verarbeiten.

3 Ein Waffeleisen auf mittlerer Stufe vorheizen und mit etwas Butter ausstreichen. Je etwa 1 kleine Schöpfkelle Teig (ca. 40 ml) in das Waffeleisen geben und daraus Waffeln backen. Die fertigen Waffeln aus dem Eisen nehmen, an einer Stelle zwischen den Herzen bis zur Mitte einschneiden. Die Waffel zur Tüte formen und diese in eine große Tasse, eine Dessertschale oder ein Glas stellen.

4 Für die Füllung die Beeren nach Bedarf waschen, zerkleinern und mit etwas Zucker bestreuen. Die Sahne mit 1 Päckchen Vanillezucker steif schlagen und in einen Spritzbeutel mit Sterntülle füllen.

5 Die Waffeltüten jeweils mit 1 Kugel Eis und frischen Beeren füllen, Sahnetupfen aufspritzen und nach Belieben mit Figürchen, Streuseln, Krokant oder Smarties garnieren.

TIPP Wer unter Zeitdruck ist, füllt die erkalteten Waffeltüten mit kleinen Spielsachen oder einem Überraschungsei. Die Waffeln schmecken nämlich auch solo ganz hervorragend.

Vorbereiten 30 Minuten
Backen 24 Minuten
Für 8–10 Waffeln von 19 cm Ø

Weisse Waffelmäuschen

ZUTATEN

- *500 ml Milch*
- *1 Msp. gem. Vanille*
- *170 g Zucker*
- *Etwas Salz*
- *70 g Hartweizengrieß*
- *1/2 TL abgeriebene Orangenschale*
- *5 Eier*
- *1 TL Zitronensaft*
- *110 g weiche Butter*
- *1/2 TL Zimt*
- *130 g Mehl*
- *1/2 TL Backpulver*
- *100 g Mandelblättchen*
- *Nussnougatcreme*
- *Rosinen*
- *Fruchtgummischnüre*

1 Für den Grießbrei die Milch mit der Vanille, 80 Gramm Zucker und einer Prise Salz zum Kochen bringen, den Grieß einlaufen lassen und einmal aufkochen lassen. Dann den Grieß bei schwacher Hitze in etwa 5 Minuten ausquellen lassen, die Orangenschale unterrühren. 2 Eier trennen und die Eigelbe unter den heißen Grießbrei rühren, den Brei von der Herdplatte nehmen.

2 Die Eiweiße mit Zitronensaft zu steifem Schnee schlagen und unter den Grießbrei heben. Den Brei in eine Schüssel füllen und kalt stellen.

3 Für die Waffeln die weiche Butter mit 90 Gramm Zucker, Zimt und einer Prise Salz schaumig rühren, bis sich der Zucker aufgelöst hat. 3 Eier unter die Butter-Zucker-Masse geben. So lange rühren, bis eine cremig-schaumige Masse entstanden ist.

4 Das Mehl nach und nach unter die Eiermasse rühren und zu einem glatten Teig verarbeiten. Zum Schluss das Backpulver und die Mandelblättchen unterheben.

5 Ein Waffeleisen auf mittlerer Stufe vorheizen und mit etwas Butter ausstreichen. Je etwa 1 kleinen Schöpflöffel (etwa 40 ml) Teig in das Waffeleisen geben und daraus Waffeln backen. Die fertigen Waffeln nebeneinander zum Auskühlen auf ein Kuchengitter legen.

6 Die Waffeln in einzelne Herzen teilen, diese längs nochmals halbieren und die Hälften mit etwas Nussnougatmasse »zusammenkleben«. Mit einem Esslöffel von dem Grießflammeri Nocken abstechen und auf die Waffelstückchen setzen. Die Rosinen als Augen auf der spitzen Seite der Nocken eindrücken. Die Fruchtgummischnüre in Stücke schneiden und als »Schwänzchen« aufsetzen.

Vorbereiten 50 Minuten
Backen 12 Minuten
Für 4 Waffeln von 19 cm Ø

Nuss-Krokant-Herzen mit Zimtcreme

Zutaten
- 5 Blatt weiße Gelatine
- 400 g Sahne
- 4 Zimtstangen
- 8 Eier
- 1 EL Speisestärke
- 250 g Zucker
- 1 TL Zitronensaft
- 175 g weiche Butter
- 1 Pck. Vanillezucker
- 1 Prise Salz
- 100 g Mehl
- 100 g gem. Haselnüsse
- 100 g Krokant (Fertigprodukt)
- 100 ml Milch
- 1/2 TL Backpulver
- Puderzucker
- Gem. Zimt

1 Für die Zimtcreme die Gelatine in kaltem Wasser einweichen. Die Sahne mit den Zimtstangen erhitzen und etwa 10 Minuten ziehen lassen. Inzwischen 4 Eier trennen. Die Eigelbe mit der Speisestärke und 80 Gramm Zucker verrühren.

2 Einige Esslöffel von der heißen Zimtsahne unter die Eigelbe rühren, dann die Eigelbe in die heiße Sahne schlagen. Die Zimtstangen entfernen. Alles unter Rühren erhitzen, bis die Creme bindet. Die Creme von der Kochstelle nehmen. Die Gelatine ausdrücken und in der etwas abgekühlten Creme auflösen.

3 Die Eiweiße mit Zitronensaft steif schlagen und unter die Zimtcreme rühren. Die Creme mindestens 3 Stunden in den Kühlschrank stellen.

4 Für die Waffeln die weiche Butter mit 170 Gramm Zucker, Vanillezucker und Salz schaumig rühren, bis sich der Zucker aufgelöst hat. 4 Eier nacheinander unter die Butter-Zucker-Masse mischen und zu einer schaumig-cremigen Masse schlagen.

5 Mehl, Nüsse, Krokant und Milch nach und nach unter die Eiermasse rühren. Zum Schluss das Backpulver unterheben.

6 Ein Waffeleisen auf mittlerer Stufe vorheizen und mit etwas Butter ausstreichen. Je etwa 1 kleinen Schöpflöffel (etwa 40 ml) Teig in das Waffeleisen geben und daraus Waffeln backen. Die fertigen Waffeln nebeneinander zum Auskühlen auf ein Kuchengitter legen.

7 Die Waffeln in einzelne Herzen teilen. Je ein Herz auf einem Teller anrichten. Von der Zimtcreme mit einem Esslöffel Nocken abstechen und auf die Herzen setzen. Ein zweites Herz schräg an die Zimtnocken »anlehnen«. Die Herzen mit Puderzucker und Zimt bestreuen und servieren.

TIPP Die Herzen schmecken auch mit Schokocreme (Rezepte → Seite 35 und 61).

Vorbereiten 45 Minuten
Kühlen mindestens 3 Stunden
Backen 18 Minuten
Für 6 Waffeln von 24 cm Ø

MARMORWAFFELN

ZUTATEN
- *150 g weiche Butter*
- *120 g Zucker*
- *1 Pck. Vanillezucker*
- *3 Eier*
- *200 ml Milch*
- *150 g Mehl*
- *1/2 TL Backpulver*
- *Puderzucker*
- *Etwas Kakaopulver*

1 Die Butter mit 100 Gramm Zucker, Vanillezucker und den Eiern schaumig rühren. 150 Milliliter Milch, Mehl und Backpulver nach und nach unterrühren. Den Teig halbieren. Unter eine Hälfte 1 Esslöffel Kakao, den restlichen Zucker und die übrige Milch rühren.

2 Ein Waffeleisen vorheizen und mit etwas Butter ausstreichen. Von den beiden Teigen je einen kleinen Schöpflöffel in das Waffeleisen geben und die Teige mit einer Gabel ineinander ziehen. Auf diese Weise alle sechs Waffeln backen.

3 Zum Servieren die Waffeln auf Tellern anrichten und mit Puderzucker und Kakao bestäuben.

Vorbereiten 15 Minuten
Backen 18 Minuten
Für 6 Waffeln von 24 cm Ø

MANDELWAFFELN MIT PFIRSICHSAHNE

ZUTATEN
- *3 Eier*
- *130 g weiche Butter*
- *70 g flüssiger Honig*
- *2 Pck. Vanillezucker*
- *100 g Mehl*
- *100 g gem. Mandeln*
- *1/2 TL Backpulver*
- *125 ml Milch*
- *125 g Jogurt*
- *1/2 TL abgeriebene, unbehandelte Zitronenschale*
- *2 Pfirsiche*
- *200 g Sahne*

1 Die Eier trennen. Die Eiweiße steif schlagen. Die Butter mit Honig, 1 Päckchen Vanillezucker und Eigelb schaumig schlagen. Nach und nach Mehl, Mandeln, Backpulver, Milch, Jogurt und Zitronenschale unterrühren. Den Eischnee unterheben.

2 Pfirsiche mit kochendem Wasser überbrühen, häuten, halbieren und entsteinen, dann würfeln und pürieren. Sahne mit 1 Päckchen Vanillezucker steif schlagen. Das Pfirsichmus unter die Sahne rühren und das Ganze kalt stellen.

3 Die Waffeln im vorgeheizten, gefetteten Eisen backen und nebeneinander auf ein Kuchengitter legen. Mit der Aprikosensahne servieren.

Vorbereiten 30 Minuten
Backen 24 Minuten
Für 8 Waffeln von 19 cm Ø

BANANENWAFFELN MIT SCHOKOCREME

1 Für die Schokocreme die Zartbitterschokolade über dem heißen Wasserbad schmelzen lassen, dann beiseite stellen. 2 Eier trennen. Die Eiweiße mit dem Zitronensaft zu steifem Schnee schlagen. Die Eigelbe mit dem Vanillezucker verrühren, die flüssige, etwas abgekühlte Schokolade unterrühren. Den Eischnee unterheben. Die Sahne steif schlagen und ebenfalls unterheben. Die Creme mindestens 4 Stunden kalt stellen.

2 Für die Waffeln die Butter mit Zucker, Orangenschale und Salz schaumig rühren, bis sich der Zucker aufgelöst hat. 5 Eier nacheinander unter die Butter-Zucker-Masse schlagen. So lange rühren, bis eine cremig-schaumige Masse entstanden ist.

3 Die Banane mit einer Gabel zerdrücken und mit Grieß, Speisestärke, Backpulver und Milch nach und nach unter die Eiermasse rühren.

4 Ein Waffeleisen auf mittlerer Stufe vorheizen und mit etwas Butter ausstreichen. Je 1 kleine Schöpfkelle Teig (ca. 40 ml) in das Waffeleisen geben und daraus Waffeln backen. Die fertigen Waffeln nebeneinander auf ein Kuchengitter legen.

5 Die Waffeln auf Tellern anrichten. Die Bananenscheiben kreisfömig in die Mitte der Waffeln legen. Mit einem Esslöffel Nocken von der Schokoladencreme abstechen und auf die Bananenscheiben setzen. Die Waffeln mit Puderzucker bestäuben und mit Schokoraspeln bestreuen.

Vorbereiten 45 Minuten
Kühlen mindestens 4 Stunden
Backen 24 Minuten
Für 8 Waffeln von ca. 19 cm Ø

ZUTATEN

- *150 g Zartbitterschokolade*
- *7 Eier*
- *1 TL Zitronensaft*
- *1 EL Vanillezucker*
- *150 g Sahne*
- *150 g weiche Butter*
- *100 g Zucker*
- *1 TL abgeriebene Orangenschale*
- *1 Prise Salz*
- *1 ganz reife Banane*
- *185 g Hartweizengrieß*
- *1 EL Speisestärke*
- *1 TL Backpulver*
- *300 ml Milch*
- *Bananenscheiben*
- *Puderzucker*
- *Schokoraspel*

PIKANTE WAFFELN

Als Imbiss und Snack

Wer sagt, dass Waffeln immer süß sein müssen? Auch pikant schmecken Waffeln ganz hervorragend und ersetzen dann auch mal das Abendessen. Speckwaffeln mit Pilzragout oder überbackene Schinkenwaffeln beispielsweise machen richtig satt. Mohnwaffeln mit Schinkencreme sind eine raffinierte Vorspeise und genauso edel wie Sprossenwaffeln mit Meerrettichcreme und Räucherlachs oder Schnittlauchwaffeln mit Kräuter-Crème-fraîche.

Mohnwaffeln mit Schinkencreme

ZUTATEN

- *200 g gekochter Wacholderschinken*
- *1 EL Portwein*
- *100 g Ricotta*
- *100 g Crème double*
- *5 Blätter Rucola*
- *50 g Parmesan*
- *1-2 EL Sofortgelatine*
- *1 EL Limettensaft*
- *Etwas Salz*
- *Cayennepfeffer*
- *100 g weiche Butter*
- *3 Eier*
- *250 ml Buttermilch*
- *250 g Weizen-vollkornmehl*
- *100 g Mohn*
- *1/2 TL Backpulver*
- *1 getrocknete rote Chilischote*
- *6 Radicchioblätter*
- *1 EL fein gehackte Petersilie*

1 Für die Creme den Schinken vom Fettrand befreien und grob zerkleinern. Mit dem Portwein und dem Ricotta in eine Schüssel geben und fein pürieren.

2 Die Crème double steif schlagen. Den Rucola waschen und fein hacken, mit Crème double, geriebenem Parmesan, Sofortgelatine und Limettensaft unter die Schinkencreme ziehen. Mit Salz und Cayennepfeffer abschmecken, 1 Stunde kalt stellen.

3 Die Butter mit den Eiern schaumig schlagen. Buttermilch, Mehl, Mohn, Backpulver, zerbröselte Chilischote und eine Prise Salz nach und nach unterrühren.

4 Ein Waffeleisen auf mittlerer Stufe vorheizen und mit etwas Butter ausstreichen. 6 Waffeln backen und nebeneinander auf ein Kuchengitter legen.

5 Auf Tellern anrichten. Die Radicchioblätter waschen, trocknen und dekorativ neben den Waffeln anordnen. Mit einem Esslöffel von der Creme Nocken abstechen und auf die Blätter setzen. Mit fein gehackter Petersilie garnieren.

Vorbereiten 30 Minuten
Kühlen 1 Stunde
Backen 18 Minuten
Für 6 Waffeln von 24 cm Ø

SPECKWAFFELN MIT PILZRAGOUT

1 Das gesamte Buchweizenmehl und 50 Gramm vom Weizenmehl in eine Schüssel sieben und eine Vertiefung hineindrücken. Die Hefe hineinbröseln, etwas lauwarme Milch und Zucker dazugeben und die Hefe mit etwas Mehl zu einem Vorteig rühren. Zugedeckt an einem warmen Ort etwa 15 Minuten gehen lassen.

2 Den Speck von Schwarte und Knorpeln befreien und in sehr feine Würfelchen schneiden. 1 Teelöffel Öl in einer Pfanne erhitzen und den Speck bei mittlerer Hitze anrösten.

3 Die Eier mit dem Vorteig, dem Mehl und der restlichen Milch verrühren. Die Speckwürfelchen und den Parmesan untermengen. Den Teig mit Salz und Pfeffer würzen und zugedeckt etwa 45 Minuten gehen lassen, bis er sein Volumen verdoppelt hat.

4 Für das Pilzragout die Pfifferlinge putzen und vierteln. Die Frühlingszwiebeln waschen, putzen und in Ringe schneiden. Die Petersilie waschen, trockenschütteln und fein hacken.

5 In einer Pfanne 3 Teelöffel Öl erhitzen, Frühlingszwiebeln und Petersilie (1 Esslöffel zur Dekoration zurückbehalten) darin bei mittlerer Hitze dünsten, die Pfifferlinge hinzufügen und mitdünsten. Mit Salz und Pfeffer würzen.

6 Die Pilze mit 2 Teelöffel Mehl bestäuben und mit dem Wildpilz- bzw. Gemüsefond und der Sahne ablöschen, die Sauce cremig einkochen lassen.

7 Die Tomaten waschen, halbieren, Strunk und Kerne entfernen. Die Tomatenhälften würfeln und unter das Pilzragout rühren. Warm halten.

8 Die Waffeln im vorgeheizten, gefetteten Eisen backen und nebeneinander auf ein Kuchengitter legen.

9 Mit dem Pilzragout auf Tellern anrichten und mit gehackter Petersilie bestreuen.

Vorbereiten 45 Minuten
Ruhen ca. 60 Minuten
Backen 12 Minuten
Für 4 Waffeln von 24 cm Ø

ZUTATEN

- *200 g Buchweizenmehl*
- *100 g Weizenmehl*
- *1/2 Würfel Hefe*
- *300 ml lauwarme Milch*
- *1 Prise Zucker*
- *100 g Speck in dünnen Scheiben*
- *4 TL Öl*
- *3 Eier*
- *100 g geriebener Parmesan*
- *Etwas Salz*
- *Pfeffer*
- *300 g Pfifferlinge*
- *1 Bund Frühlingszwiebeln*
- *1 Bund Petersilie*
- *150 ml Wildpilz- oder Gemüsefond (aus dem Glas)*
- *50 g Sahne*
- *2 Strauchtomaten*

ZUTATEN

- 100 g TK-Mais
- 100 g TK-Erbsen
- 250 g Dinkel-vollkornmehl
- 100 g Weizenmehl
- 1/2 Würfel Hefe
- 300 ml lauwarme Buttermilch
- 1 Prise Zucker
- 1 rote Paprikaschote
- 3 Eier
- 2 EL Öl
- 1 Prise Salz
- 1 EL fein gehackte Petersilie
- 100 g TK-Erbsen
- 100 g TK-Mais
- Einige Blätter Eichblattsalat
- 3 Tomaten
- 1 Pck. Frühlingsquark
- 6 Scheiben Schinken
- 6 Scheiben Raclettekäse

WAFFELSANDWICHES ▸

1 Mais und Erbsen auftauen lassen. Beide Mehlsorten in eine Schüssel sieben und eine Vertiefung hineindrücken. Die Hefe hineinbröckeln, etwas lauwarme Buttermilch und Zucker dazugeben und die Hefe mit etwas Mehl zu einem Vorteig rühren. Den Vorteig zugedeckt an einem warmen Ort etwa 15 Minuten gehen lassen.

2 Inzwischen die Paprikaschote waschen, putzen und in kleine Würfel schneiden.

3 Die Eier mit dem Vorteig, dem restlichen Mehl, dem Öl und der übrigen Buttermilch verrühren. Salz, Petersilie, Erbsen, Mais und Paprikaschote untermengen. Den Teig zugedeckt 45 Minuten gehen lassen, bis er sein Volumen etwa verdoppelt hat.

4 In der Zwischenzeit die Eichblattsalatblätter waschen und trockenschleudern. Die Tomaten waschen, Stielansätze entfernen und in Scheiben schneiden.

5 Ein Waffeleisen auf mittlerer Stufe vorheizen und mit etwas Butter ausstreichen. Je etwa 2 kleine Schöpflöffel (à 40 ml) Teig in das Waffeleisen geben und daraus Waffeln backen. Die fertigen Waffeln nebeneinander auf ein Kuchengitter legen.

6 Auf 3 Waffeln die Salatblätter verteilen, den Frühlingsquark darauf streichen, mit Schinken, Käse und Tomatenscheiben belegen. Die zweite Waffel darauf setzen.

TIPP Wenn Sie kleinere Häppchen bevorzugen, teilen Sie die Waffeln in einzelne Herzen und nehmen kleinere Scheiben Schinken und Käse.
Oder Sie halbieren die Waffeln, belegen ein Viertel wie im Rezept beschrieben und klappen das freie Viertel über die Füllung.

Vorbereiten 25 Minuten
Ruhen ca. 60 Minuten
Backen 18 Minuten
Für 6 Waffeln von 24 cm Ø

Sprossenwaffeln mit Meerrettichcreme und Räucherlachs

ZUTATEN
- *200 g Frischkäse*
- *50 g Quark*
- *240 ml Milch*
- *3 EL geriebener Meerrettich*
- *Salz*
- *Pfeffer*
- *250 g gegarte Kartoffeln*
- *100 g frische Sprossen*
- *3 Eier*
- *50 g Sauerrahm*
- *250 g Mehl*
- *2 TL Backpulver*
- *Muskatnuss*
- *15 Scheiben Räucherlachs*
- *Schnittlauchröllchen*

1 Für die Meerrettichcreme den Frischkäse mit Quark, 40 Milliliter Milch und Meerrettich verrühren. Die Creme mit Salz und Pfeffer würzen und kalt stellen.

2 Für die Waffeln die Kartoffeln schälen und mit einer Gabel sehr fein zerdrücken. Die Sprossen kalt abbrausen, abtropfen lassen und zerkleinern.

3 Die Eier trennen. Die Eiweiße steif schlagen. Die Eigelbe mit 200 Milliliter Milch und Sauerrahm verrühren. Kartoffeln und Sprossen untermischen. Das Mehl mit dem Backpulver mischen und darüber sieben. Den Eischnee darauf geben, beides unter den Teig heben. Den Teig mit Salz, Pfeffer und geriebenem Muskat würzen.

4 Ein Waffeleisen auf mittlerer Stufe vorheizen und mit etwas Butter ausstreichen. Je etwa 2 kleine Schöpflöffel (à 40 ml) Teig in das Waffeleisen geben und daraus Waffeln backen. Die fertigen Waffeln nebeneinander auf ein Kuchengitter legen.

5 Die Waffeln in einzelne Herzen teilen. Je 2 Herzen mit etwas Meerrettichcreme bestreichen, mit 1 Lachsscheibe belegen und aufeinander setzen. Die Herzen auf Tellern anrichten und mit Schnittlauchröllchen garnieren.

Vorbereiten 30 Minuten
Backen 18 Minuten
Für 6 Waffeln von 24 cm Ø

Schnittlauchwaffeln mit Garnelen-Crème-fraîche

Zutaten

- 200 g Garnelen
- 150 g Kirschtomaten
- 250 g Crème fraîche
- 1/2 EL gehackter Dill
- Etwas Salz
- Pfeffer
- Etwas Zitronensaft
- 2 Bund Schnittlauch
- 250 ml Milch
- 50 g Butter
- 150 g Mehl
- 6 Eier
- Einige Dillzweige

1 Die Garnelen kalt abbrausen und abtropfen lassen. 100 Gramm Kirschtomaten waschen und vierteln. Crème fraîche mit Dill verrühren, mit Salz, Pfeffer und Zitronensaft würzen. Garnelen und Tomaten unterrühren. Die Creme kalt stellen.

2 Den Schnittlauch in feine Röllchen schneiden. Die Milch mit Butter und etwas Salz zum Kochen bringen. Das Mehl auf einmal hineinschütten und rühren, bis sich der Teig als Kloß vom Topfboden löst. Etwas abkühlen lassen, dann nach und nach die Eier unterschlagen. Zuletzt die Schnittlauchröllchen dazugeben.

3 Die Waffeln im vorgeheizten, gefetteten Eisen backen und nebeneinander auf ein Kuchengitter legen. Mit der Garnelen-Crème-fraîche auf Tellern anrichten, mit Dillzweigen und den restlichen Kirschtomaten garnieren.

Vorbereiten 30 Minuten
Backen 18 Minuten
Für 6 Waffeln von 24 cm Ø

Überbackene Schinkenwaffeln

Zutaten

- 150 g gekochter Schinken
- 1/2 Bund Schnittlauch
- 1 rote Chilischote
- 50 g weiche Butter
- 2 Eier
- 200 g Mehl
- 250 ml Buttermilch
- 75 g Sauerrahm
- Salz
- Pfeffer
- 100 g Gruyère

1 Schinken ohne Fettrand in feine Würfel schneiden. Schnittlauch in feine Röllchen schneiden. Die Chilischote von Kernen und Strunk befreien, fein hacken.

2 Die Butter schaumig schlagen. Eier, Mehl, Buttermilch, Sauerrahm, Schinken, Schnittlauch und Chilischote unterrühren. Mit Salz und Pfeffer würzen.

3 Die Waffeln im vorgeheizten, gefetteten Eisen backen. Geriebenen Gruyère auf die Waffeln streuen, diese nebeneinander in den Ofen legen und 10 Minuten bei 200 °C überbacken.

Vorbereiten 25 Minuten
Backen 30 Minuten
Für 6 Waffeln von 24 cm Ø

Herzhaftes für Vegetarier

Vegetarier kommen bei den süßen Waffeln schon auf ihre Kosten, aber auch pikante Waffeln können rein vegetarisch sein und eignen sich dann als kleiner herzhafter Imbiss oder Snack. Käsewaffeln mit Gemüsesalat machen richtig satt. Mozzarella in Carozza sind saftig gefüllte Waffeln mit Mozzarella, ein Rezept, das von der italienischen Küche inspiriert ist. Wichtig: Den Teig gut würzen, damit die Waffeln nicht so fade schmecken. Frische Kräuter sind dafür ideal.

ZUTATEN

- *Salz*
- *600 g TK-Suppengemüse*
- *1 EL Mayonnaise*
- *2 EL Schmand*
- *2 TL Apfelessig*
- *Pfeffer*
- *Zucker*
- *2 hart gekochte Eier*
- *100 g Gruyère*
- *250 ml Milch*
- *50 g Butter*
- *150 g Mehl*
- *6 Eier*
- *2 EL Schnittlauchröllchen*

Käsewaffeln mit Gemüsesalat

1 Für den Salat in einem Topf Salzwasser zum Kochen bringen. Das Suppengemüse darin in etwa 5 Minuten bissfest blanchieren, dann eiskalt abschrecken und abtropfen lassen.

2 Die Mayonnaise mit Schmand und Apfelessig verrühren, mit Salz, Pfeffer und Zucker würzen. Die Eier schälen und grob hacken. Gemüse, Eier und Mayonnaise locker vermengen und beiseite stellen.

3 Für die Waffeln den Gruyère fein reiben. Die Milch mit Butter und einem halben Teelöffel Salz zum Kochen bringen. Das Mehl auf einmal hineinschütten und rühren, bis sich der Teig als Kloß vom Topfboden löst. Den Teig etwas abkühlen lassen, dann nach und nach die Eier unterschlagen, zum Schluss den geriebenen Käse unterrühren.

4 Die Waffeln im vorgeheizten, gefetteten Eisen backen und nebeneinander auf ein Kuchengitter legen.

5 Auf Tellern mit dem Gemüsesalat anrichten, mit Schnittlauch garnieren.

Vorbereiten 30 Minuten
Backen 18 Minuten
Für 6 Waffeln von 24 cm Ø

TOMATEN-PARMESAN-KNUSPERCHEN

ZUTATEN

- 6–8 getrocknete Tomaten
- Je 1 kleiner Zweig Rosmarin, Thymian
- Etwas Basilikum
- 1–2 Salbeiblätter
- 6 Oliven
- 1 Knoblauchzehe
- 100 g weiche Butter
- 3 EL Olivenöl
- 4 Eier
- 1 kräftige Prise Salz
- 50 g Parmesan
- 150 g Mehl
- 100 ml Wasser
- 1/2 TL Backpulver

1 Die Tomaten klein würfeln. Die Kräuter waschen, trockenschütteln und fein hacken. Die Oliven ebenfalls fein hacken. Die Knoblauchzehe schälen und durch die Presse drücken.

2 Die Butter mit dem Öl und den Eiern cremig aufschlagen. Salz, geriebenen Parmesan und die vorbereiteten Zutaten unterrühren. Nach und nach das Mehl und das Wasser (lauwarm) unter die Butter-Eier-Masse mengen. Backpulver unter den Teig rühren.

3 Die Waffeln im vorgeheizten (niedrigste Stufe), gefetteten Eisen backen und nebeneinander auf ein Kuchengitter legen. Zum Servieren auf Tellern anrichten.

Vorbereiten 20 Minuten
Backen 18 Minuten
Für 6 Waffeln von 24 cm Ø

MOZZARELLA IN CAROZZA

ZUTATEN

- 1 Bund Rucola
- 75 g Walnüsse
- 60 g weiche Butter
- 5 Eier
- 250 ml Buttermilch
- 1/2 TL Salz
- 250 g Mehl
- 1/2 TL Backpulver
- 250 g Mozzarella
- Einige Salbeiblätter

1 Rucola waschen und fein zerkleinern. Walnüsse fein hacken. Butter mit den Eiern cremig schlagen. Buttermilch, Salz und Mehl nach und nach unterrühren. Rucola, Walnüsse und Backpulver unterheben.

2 Mozzarella in Scheiben schneiden. Salbei waschen und trockentupfen.

3 Im vorgeheizten und gefetteten Eisen dünne Waffeln backen und nebeneinander auf ein Kuchengitter legen. Das Waffeleisen wieder einfetten. Eine Waffel auf die untere Fläche legen, mit Mozzarella und Salbeiblättern belegen. Eine zweite Waffel darauf legen, das Waffeleisen schließen, dabei etwas drücken. Die fertigen Waffeln aus dem Eisen nehmen und sofort servieren.

Vorbereiten 20 Minuten
Backen 30 Minuten
Für 6 Waffeln von 24 cm Ø

ZUTATEN

- *1 kleine Salatgurke*
- *200 g frischer Spinat*
- *Salz*
- *100 g Schafskäse*
- *Etwas frische Minze*
- *60 g weiche Butter*
- *3 EL Olivenöl*
- *3 Eier*
- *300 g Mehl*
- *250 ml Wasser*
- *½ TL Backpulver*
- *300 g griechischer Jogurt*
- *1 Knoblauchzehe*
- *Pfeffer*
- *Sesamsamen*

GRIECHISCHE SPINATWAFFELN MIT TSATSIKI ▸

1 Für das Tsatsiki die Gurke schälen, halbieren und die Kerne entfernen. Die Gurkenhälften grob raspeln und zugedeckt beiseite stellen.

2 Den Spinat waschen, putzen und verlesen. Salzwasser zum Kochen bringen und den Spinat darin zusammenfallen lassen. Herausheben, eiskalt abschrecken und abtropfen lassen. Den Schafskäse mit einer Gabel zerdrücken. Die Minze waschen, trockentupfen und fein hacken.

3 Die Butter mit Öl und einer Prise Salz schaumig rühren. Die Eier nacheinander unter die Butter-Öl-Masse rühren. Nach und nach das Mehl und das Wasser unter die Eiermasse rühren, bis ein glatter Teig entstanden ist.

4 Den Spinat ausdrücken und fein hacken. Mit Schafskäse, Minze und Backpulver unter den Teig heben.

5 Ein Waffeleisen auf mittlerer Stufe vorheizen und mit etwas Butter ausstreichen. Je 4 bis 5 Esslöffel Teig in das Eisen geben und daraus Waffeln backen. Die fertigen Waffeln nebeneinander auf ein Kuchengitter legen.

6 Die Gurkenraspel in ein Tuch geben und kräftig ausdrücken, mit dem Jogurt vermengen. Den Knoblauch schälen und dazupressen. Mit Salz und Pfeffer abschmecken. Die Waffeln mit Sesamsamen bestreuen und mit dem Tsatsiki auf Tellern anrichten.

Vorbereiten 40 Minuten
Backen 12 Minuten
Für 4 Waffeln von 24 cm Ø

ZUTATEN

- 2 EL Kürbiskerne
- 150 g Schafskäse
- 2 Tomaten
- 1 Bund Schnittlauch
- 100 g weiche Butter
- 3 EL Kürbiskernöl
- 4 Eier
- 1 kräftige Prise Salz
- 160 g Mehl
- 100 ml lauwarmes Wasser
- 1/2 TL Backpulver

STEIRISCHE KÜRBISKERNWAFFELN MIT SCHAFSKÄSE UND TOMATEN

1 Die Kürbiskerne in einer Pfanne ohne Fett rösten, dann beiseite stellen und abkühlen lassen.

2 Den Schafskäse mit einer Gabel fein zerkrümeln. Die Tomaten waschen, Stielansätze und Kerne entfernen. Das Fruchtfleisch würfeln. Den Schnittlauch waschen, trockenschütteln und in feine Röllchen schneiden.

3 Die Butter mit dem Öl und den Eiern cremig aufschlagen. Salz und Schafskäse unterrühren. Nach und nach das Mehl und das Wasser unter die Butter-Eier-Masse mengen. Zuletzt die Tomatenwürfel, die Kürbiskerne, den Schnittlauch und das Backpulver unterrühren.

4 Ein Waffeleisen auf mittlerer Stufe vorheizen. Das Waffeleisen mit etwas Butter ausstreichen. Je etwa 2 kleine Schöpflöffel (à 40 ml) Teig in das Waffeleisen geben und daraus Waffeln backen. Die fertigen Waffeln nebeneinander auf ein Kuchengitter legen. Zum Servieren die Waffeln auf Tellern anrichten.

TIPP Servieren Sie dazu Tomaten mit Schafskäse und Kürbiskernöl: 4 Tomaten waschen und in Scheiben schneiden, dabei den Stielansatz entfernen. 200 Gramm Schafskäse ebenfalls in Scheiben schneiden. Tomaten- und Schafskäsescheiben auf einer Platte anordnen, die Tomaten mit Salz und Pfeffer würzen. Alles mit steirischem Kürbiskernöl beträufeln.

Vorbereiten 20 Minuten
Backen 18 Minuten
Für 6 Waffeln von 24 cm Ø

POLENTAWAFFELN MIT ROQUEFORTCREME

ZUTATEN
- 60 g Pinienkerne
- 200 g Roquefort
- 100 g Frischkäse
- 2 EL Portwein
- 3 EL Orangensaft
- 1 Bund Frühlingszwiebeln
- 250 ml Buttermilch
- 75 g Sauerrahm
- 2 Eier
- 200 g Maismehl
- 100 g Mehl
- 1/2 TL Salz
- Pfeffer
- 1–2 Orangen
- Minzeblättchen

1 Die Pinienkerne in einer Pfanne ohne Fett hellgelb rösten, abkühlen lassen. Den Roquefort mit Frischkäse, Portwein und Orangensaft verrühren. Die Pinienkerne untermischen und die Creme kalt stellen.

2 Die Frühlingszwiebeln waschen, putzen und fein hacken. Buttermilch, Sauerrahm und Eier verrühren, das Mehl untermischen und die Frühlingszwiebeln dazugeben. Mit Salz und Pfeffer würzen.

3 Die Waffeln im vorgeheizten, gefetteten Eisen backen und nebeneinander auf ein Gitter legen.

4 Auf Tellern anrichten. Die Orange in Scheiben schneiden und die Roquefortcreme darauf verteilen. Mit Minze garnieren.

Vorbereiten 30 Minuten
Backen 18 Minuten
Für 6 Waffeln von 24 cm Ø

ZWIEBELWAFFELN MIT PAPRIKAFRISCHKÄSE

ZUTATEN
- 250 g gegarte Salzkartoffeln
- 3 Eier
- 250 ml Buttermilch
- 40 g geröstete Zwiebeln (Fertigprodukt)
- 200 g Mehl
- 2 TL Backpulver
- Salz
- Pfeffer
- Muskatnuss
- 500 g Paprikafrischkäse
- Tomaten- oder Eischeiben

1 Die Kartoffeln mit einer Gabel sehr fein zerdrücken. Die Eier mit der Buttermilch verrühren. Kartoffeln und Zwiebeln untermischen. Mehl und Backpulver unterheben. Den Teig mit Salz, Pfeffer und geriebener Muskatnuss würzen.

2 Ein Waffeleisen auf mittlerer Stufe vorheizen und fetten. Je etwa 2 kleine Schöpflöffel in das Eisen geben. Die gebackenen Waffeln zum Auskühlen nebeneinander auf ein Kuchengitter legen.

3 Die Waffeln mit dem Frischkäse anrichten und nach Belieben mit Tomaten- oder Eischeiben garnieren.

Vorbereiten 15 Minuten
Backen 18 Minuten
Für 6 Waffeln von 24 cm Ø

WAFFELRÖSTI MIT KRÄUTERQUARK ▸

ZUTATEN
- 4 Packungen Rösti (Fertigprodukt à 400 g)
- 250 g Kräuterquark
- Schnittlauchröllchen

1 Ein beschichtetes Waffeleisen auf höchster Stufe vorheizen und mit Butter bestreichen. Den Inhalt von zwei Rösti-Packungen auf dem Eisen glatt drücken. Goldbraun backen, vorsichtig herausnehmen und mit Quark und Schnittlauch servieren. Die andere Portion ebenso backen.

TIPP Sie können auch frisch geraspelte Kartoffeln verwenden: Pro Waffel 800 Gramm Kartoffeln schälen und raspeln.

Vorbereiten 5 Minuten
Backen 12 Minuten
Für 2 Waffeln von 24 cm Ø

KARTOFFELWAFFELN MIT RADIESCHENQUARK

ZUTATEN
- 250 g Sahnequark
- 100 g Jogurt
- 1 Bund Radieschen
- Salz
- 1 Bund Schnittlauch
- 200 g gegarte Kartoffeln
- 1 Bund Frühlingszwiebeln
- 3 Eier
- 250 ml Milch
- 250 g Mehl
- 4 EL Olivenöl
- 2 TL Backpulver
- Pfeffer
- Muskatnuss
- Paprikapulver

1 Den Sahnequark mit 50 Gramm Jogurt verrühren. Die Radieschen waschen, grob raspeln und salzen. Den Schnittlauch in feine Ringe schneiden.

2 Die geschälten Kartoffeln fein zerdrücken. Die Frühlingszwiebeln putzen und sehr fein hacken. Die Eier trennen. Die Eiweiße steif schlagen. Die Eigelbe mit Milch und 50 Gramm Jogurt verrühren. Kartoffeln, Frühlingszwiebeln, Mehl, Olivenöl und Backpulver untermischen. Den Eischnee unterheben. Mit Salz, Pfeffer und geriebener Muskatnuss würzen.

3 Die Waffeln im vorgeheizten, gefetteten Eisen backen und nebeneinander auf ein Kuchengitter legen.

4 Radieschenraspel ausdrücken und mit Quark und dem größten Teil des Schnittlauchs verrühren. Mit Salz, Pfeffer und Paprika würzen. Die Waffeln mit dem Quark auf Tellern anrichten und mit Schnittlauch garnieren.

Vorbereiten 30 Minuten
Backen 18 Minuten
Für 6 Waffeln von 24 cm Ø

Unsere Rezepte werden von erfahrenen Fachautoren kreiert und erprobt. Wir freuen uns jedoch über Anregungen, Tipps oder Kritik und helfen bei Fragen gerne weiter. Bitte wenden Sie sich an: Weltbild Buchverlag, Steinerne Furt 67, 86167 Augsburg, oder schicken Sie uns eine E-Mail an: Simone.Abele@weltbild.de

Über dieses Buch

Die Autorin
Claudia Daiber, Jahragang 1955, ist seit 1991 erfolgreiche Autorin und freiberufliche Redakteurin mit Schwerpunkt Kochen und Gesundheit.

Die Fotografin
Helga Florian ist ausgebildete Fotografin und hat sich auf die Bereiche Food, Werbung und digitale Bildbearbeitung spezialisiert.

Haftungsausschluss
Die Inhalte dieses Buches sind sorgfältig recherchiert und erarbeitet worden. Dennoch kann weder die Autorin noch der Verlag für die Angaben in diesem Buch eine Haftung übernehmen.

Danksagung
Unser besonderer Dank gilt den Firmen Bauscher Hotelporzellan-BHS Tabletop AG, Weiden i. d. Opf.
Nachtmann Bleikristall GmbH, Neustadt an der Waldnaab

Weltbild Buchverlag
-Originalausgaben-

Steinerne Furt 67, 86167 Augsburg
3. Auflage 2003

Projektleitung: Friederike Lutz
Redaktion: Dr. Bettina Gratzki
Bildredaktion: Susanne Allende
Umschlag: X-Design, München
Titelbild: Helga Florian, München
Layout: Christina Krutz, Possenhofen
Illustrationen: Beate Brömse, München
DTP/Satz: Lydia Koch, Augsburg
Reproduktion: Repro Mayr, Donauwörth
Druck und Bindung:
Appl Firmengruppe GmbH,
Senefelderstraße 3–11, 86650 Wemding

Gedruckt auf chlorfrei gebleichtem Papier

Printed in Germany

ISBN 3-89604-774-4

Rezeptverzeichnis

Informationen rund ums Waffelbacken finden Sie auf folgenden Seiten:

Grundteige finden Sie auf folgenden Seiten:

Süße Beilagenrezepte finden Sie auf folgenden Seiten:

Abkürzungen

g	Gramm	TL	Teelöffel	Pck.	Päckchen
ml	Milliliter	EL	Esslöffel	Stck.	Stück
cl	Zentiliter	cm	Zentimeter	TK	Tiefkühlware
Msp.	Messerspitze	gem.	gemahlen	Ø	Durchmesser